GENUINE
YINCHUAN

地道風物

银川

姚瑶 主编

007

U0823816

中信出版集团 · 北京

地 道 风 物

出 品 人：陈沂欢　马　蓓
主　　编：姚　瑶
总 顾 问：唐荣尧
策划编辑：贺　靓　马晓茹　刘淑娟
责任编辑：黄绮媚　赵云婷　张　刚
图片编辑：何亮靓　张律堂
地图编辑：程　远　程晓曦　韩守青
平面设计：何　睦
封面设计：李　川
营销编辑：张林林　贾顺利　惠璐瑶
品牌合作：郭颖谦

出　　品：北京地道风物科技有限公司

目录

地

道

風

物

水，读懂银川的密码

撰文 姚瑶

从地图上看，银川平原仿佛一枚深入沙地的剑柄，在腾格里沙漠和毛乌素沙地的围裹中熠熠生辉。作为宁夏回族自治区的首府和银川平原的中心城市，银川地处干旱半干旱气候带，年均降水量不足200毫米，年蒸发量却达1200～1800毫米。这样一座气候干旱少雨的古老城市，打开和解读它的密码竟然是——水。

早在1400多年前，隋朝隋郎茂在《隋州郡图经》中最早将银川平原称为“塞北江南”。江南最重要的地理特征是多水，银川的水比起江南，可谓有过之而无不及。江南的水，浑然天成、婉约细腻；银川的水，则因为成于塞北而愈显珍贵，质朴粗犷中透着清秀柔美，漫步在银川的大小公园里，湖水汤汤、绿意盎然，很容易就忘了身在何处，唯有抬头望见远处绵延横亘的贺兰山和感受到干燥的空气时，才会意识到这是塞北的一片绿洲。而银川之所以有今天塞上湖城、鱼米江南的独特气质，除了黄河的恩赐和作为屏障的贺兰山的守护，更因一场持续2000多年的人类与自然的博弈。这是人类在漫长历史过程中利用、改造自然，最后和自然和平共处的一个伟大奇迹。我想，这是银川带给世人最大的感动和震撼。

水贯穿着银川地区区域和城市发展的历程，也是银川平原地区古老历史的注脚，给出了对“沧海桑田”最生动的诠释。

1亿多年前的侏罗纪时代，地球上气候温暖、植被繁茂，银川平原也不例外，郁郁葱葱的绿洲上水草丰美，巨大的蜥脚类梁龙迈着粗壮的四肢，伸着长长的脖颈，在这片沼泽地上悠闲地啃食嫩草。

随着恐龙的灭绝，中生代结束，地球进入了新生代。距今一二百万年前的新生代第四纪，从猿到人的进化已经完成，彼时的银川平原，是一个由断陷盆地造成的浩瀚大湖。随着西部高原的抬升和流水的不断下切、侵蚀，各个湖盆之间的分水岭被切开成为峡谷，打开了湖水的出路，盆地内漫流的洪水逐渐连通，经过漫长的岁月后，终于形成黄河原始河道。银川断陷盆地的大湖湖水也因此外泄，变成外流盆地。黄河带来丰富的泥沙，又因为不断地摆动改道和泥沙淤积，逐渐形成冲积平原。

距今4万多年前，第四纪大冰期中两次亚冰期之间的间冰期，气候温暖湿润，银川平原上出现了目前已知最早的古人类的活动踪迹。位于如今鄂尔多斯台地南缘的水洞沟，旧石器时代的先民们曾在这里磨制石器。在这片土地上生活了约2万年后，水洞沟人神秘消失了，他们的神秘来去仍是今人孜孜探寻的谜团。

银川平原上远古人类的繁衍生息并没有因为水洞沟人的消失而停止，有意思的是，他们的活动范围集中于贺兰山山前洪积扇边缘地带，那是森林和草原的交接地带，进可狩猎、采集，退可驯化野兽并牧养。而今人们赖以生存的家园——黄河冲积出的沃野千里的平原，当时却河湖密布，水灾泛滥，远古人类尚没有能力涉足。

算起来，这片让远古人类望而生畏的大大小小的湖泊沼泽，已经存在、演变了上百万年。银川平原上的湖泊总有办法获得新生。和人一样，干旱地区的湖泊也有自己的生命周期：儿时的湖泊，是淡水湖；青少年时期的湖泊，是半咸水湖；正值壮年的湖泊，是咸水湖；而进入老年的湖泊，是盐湖，最终成为干盐池而消亡，结束作为湖泊的一生。然而，银川平原上湖泊的生命在整体上却周而复始、生生不息，这得益于滔滔黄河源源不断的补给。

黄河冲出黑山峡，进入宁夏境内，一改咆哮奔腾的桀骜不驯模样，变得温柔舒缓起来。通过青铜峡峡谷后，东面南北走向的贺兰山脉和西边隆起的鄂尔多斯高原挡住了黄河的去路，它一路向北缱绻流淌，进入宁夏的腹地银川平原，哺育出著名的米粮川。

有了水量丰沛的黄河并不够，还需要银川平原上密如蛛网的引黄灌溉沟渠系统，方能成就这片塞上江南。历时2000多年的引黄灌溉系统，正是银川平原上最伟大、最壮观的人工印记。

在古代中国，农业生产随着灌溉体系的建立和维护而发展，而灌溉体系的发展又与统治阶级的政治和军事需要密切相关。银川平原灌溉体系在历代的建立维护或废弛，无不体现着中原王朝在边疆上的进与退。

银川平原有记载的第一次农业垦殖始于秦朝。在此之前，贺兰山东麓广阔的荒漠草原，是北方游牧民族的家园。秦始皇派蒙恬北击匈奴，收复“河南地”，银川平原因为军事需要第一次迎来中原移民。而真正建立引黄灌溉系统，要从汉代开始。卫青击退匈奴，汉王朝重新占据这片宜农宜牧之地，大量戍边守军和大规模的移民，使得农业开发的需求迫在眉睫，遂修建了汉延渠、秦渠等十余条干渠。再往后，北魏、唐朝、大白高国（西夏王朝）、清朝，都是银川平原灌溉，水利系统维护、扩展和农业发展的高峰时期。

引黄灌溉是需要长期维护的一套水利系统，也是一种国家职能。历史上中原王朝国力强盛时，银川平原肥沃的土壤和灌溉系统的优势便极大程度上促进了农业和区域的发展；而当国力衰弱或战争时期，农业和灌溉系统失去控制，便会面临被忽视、放弃，甚至向自然生态退化的威胁。银川平原水利和农业的发展历程，也从侧面反映着历朝历代中原王朝的命运。

新中国成立后至今，银川的水也经历着“失而复得”的波折，从“七十二连湖”的盛景到因人口的迅速增长和城市的扩张而围湖造田、填湖造城，导致湖泊、湿地数量锐减，再到如今恢复河、渠、湖泊、湿地共生的生态系统，这座塞上湖城、绿洲花园城市又重新焕发出勃勃生机。

对银川平原来说，水是命脉，山是屏障。作为生态系统中最活跃因素的水，其演化出的各种形态——河、湖、渠、沟、湿地，贯穿着银川平原区域和城市的历史，是读懂银川的一把钥匙。

摄影_章宏征

地

贺兰山是一道长达200多公里的天然屏障，纵列于银川平原西边，高大的身躯阻挡了腾格里风沙和西伯利亚寒流。从平原上远望贺兰山，青白相间，仿佛群马奔腾；平芜尽处，千仞壁立；山体不太高峻，却有种雄浑之感　　摄影_徐胜凯

银川，宛如星球的花园城市

撰文 萧春雷
摄影 吴建新 等

银川不是一座孤独的城市，它是银川平原的中枢，其内河系统与广袤田野上的农事紧密关联，在自然的季候里潮汐般涨落。从卫星地图看银川地区，仿佛航行于浩瀚黄沙中的一叶绿舟，运载着满满当当的田野、树林和城市。那些纵横交织的河网水系，是人类耗费2000多年光阴设计和维护的灌溉系统，给这座沙漠中的巨大花园灌注了勃勃生机。

人类创造了一座花园，然后在花园里安放银川。

从古城到双城三区

我住在银川老城新华西街的一家酒店，紧邻凤凰街和南薰街，也就是银川古城的西南角。饭后散步，西行千余米就遇到唐徕渠。唐徕渠一向是古城的边界，如今是银川兴庆区和金凤区的分界线，也是银川城最独特的标记。说到古城，银川人称呼中的旧城、新城、新市区，以及区划调整后的兴庆区、西夏区和金凤区，要先澄清一下这些概念，在银川它们有约定俗成的用法，反映了这座城市的发展演变。

旧时，城市自东到西按建成时代分为旧城、新城、新市区三部分；按行政区划分，旧城为城区，新城连接新市区为新城区；区划调整后，成为现在的兴庆区、金凤区和西夏区的格局。而此前的新城与新城区，便成了银川人的民间称呼，有约定俗成之意。现在所谓的新市区多指西夏区中心区域；新城多指银川火车站以东，满城街以西，黄河路以北，贺兰山路以南的区域。

打开银川市区地图，我们看到一个近似长方形的城市，东西绵延，南北短促。首先要找到东西向的主街北京路，包括北京东路、北京中路和北京西路。北京路是银川的脊椎，笔直、宽阔，双向8车道，全长25公里，横贯整个银川市区。北京路两边，还有平行的贺兰山路、怀远路、黄河路，仿佛一束钢筋，构成银川城市东西交通的基本骨架。

两条南北线纵贯市区，东部是唐徕渠，西部是包兰铁路，它们把城市切割成东、中、西三段，正好对应银川市的三个区。实际上，银川市区的空间结构非常简单，仿佛一幅三联画，由东向西一字排开三大银川是银川平原的中枢，内河系统与广袤田野上的农事关联，在自然的季候里潮汐般涨落。从卫星地图看银川地区，仿佛航行于浩瀚黄沙中的一叶绿舟，运载着满满当当的田野、树林和城市。那些纵横交织的河网水系，是人类耗费2000多年光阴设计和维护的灌溉系统，给这座沙漠中的巨大花园灌注了勃勃生机。

板块：兴庆区、金凤区和西夏区。

唐徕渠以东谓之老城，属于兴庆区，是整个银川市区最古老的部分，而始建于西夏的银川古城，即清宁夏府城，相当于老城的“蛋黄”。老城街巷狭窄，房屋低矮，人烟稠密，商贸发达。生活在老城十分便利，菜市场、夜市、饭馆、便利店、超市等一应俱全，很多人不愿意迁离。

包兰铁路以西为西夏区，是1958年后为适应内地新移民建设的城区，以工厂、企业和高校为主，街道横平竖直，建筑方方正正。对于西夏区的中心区域，人们仍习惯称为新城。半个世纪前，新城是相对于老城而言的，同时还与历史上附近有个小小的“新城满营”有关。清乾隆三年大地震毁坏了旧满城，清政府选择在宁夏府城西边7.5公里的地方，也就是今天包兰铁路东侧建新满城，被称为新城。

唐徕渠以西、包兰铁路以东的银川市中心，谓之新市区，属于金凤区，是银川市区最新、最现代的一块拼板，2000年以后才开始大规模建设。新市区街道宽阔、广场宏伟、高楼林立，是银川市的行政中心和高新技术产业区。我让司机带我转转银川最漂亮的夜景，他二话不说把我拉到亲水大街、万寿路、阅海、艾依河、自治区党委、银川市政府、亘元万豪大厦一带。这些地方灯光造景比较简单，但那宽广恢宏的气度，是东部省会城市望尘莫及的。

银川市区的开发之所以先东后西，然后形成双城格局，完全是受限于地理条件。黄河西侧的平原最初是一片沼泽湿地，比河东开发更迟。据学者考证，公元前112年，汉武帝建北典农城，拉开黄河以西地区建城的序幕。这座古城位于黄河一级阶地（由于地面因构造运动大面积上升；或气候变化使河水水量增加，水中泥沙减少，引起河流强烈侵蚀河床底部，造成下切现象，河床大幅度降低，原先谷底的河漫滩就会超出一般洪水期水面，成为阶地）、今银川市兴庆区掌政镇洼路村一带，地势低洼，临近黄河，饱受河水泛滥之苦。

唐初，遭受洪灾重创的怀远县城，据唐代《元和郡县图志》载，公元678年“于故城西更筑新城”。这次西迁到黄河二级阶地的怀远县城就是银川古城的前身。新筑的

银川恢宏的人工景观——城市、河流、湿地、树林、田野、道路和果园，一个宛如星球的独立生态系统。这是人类创造的最伟大事物之一，和上帝的花园同样精巧、绚丽，已经运行了上千年　　摄影_徐胜凯

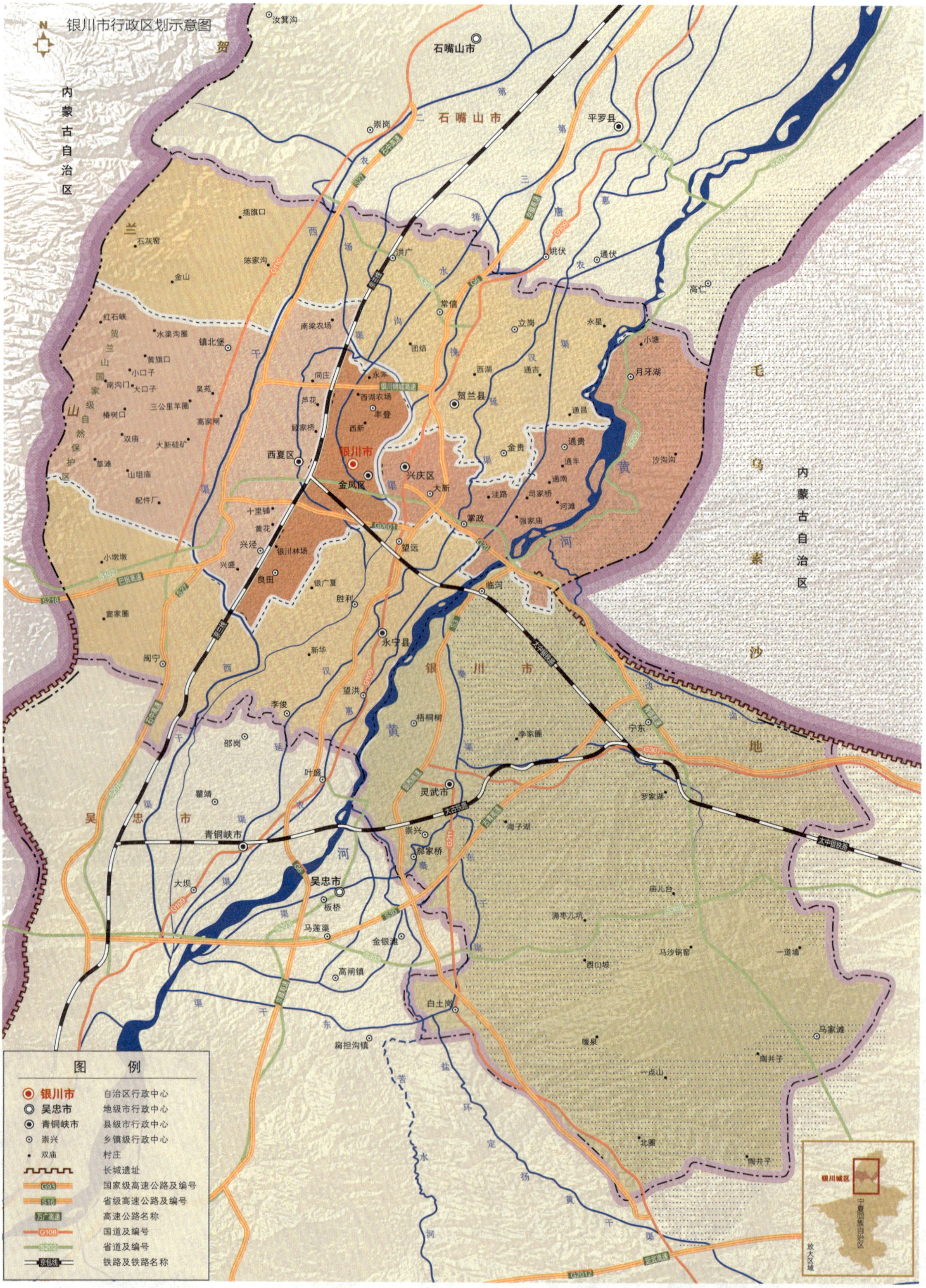
银川市行政区划示意图
N
内蒙古自治区
汝箕沟
石嘴山市
崇岗
平罗县
插旗口
石灰窑
陈家沟
洪广
姚伏
通伏
高仁
金山
常信
立岗
永星
红石峡
水渠沟圈
镇北堡
南梁农场
团结
小塘
黄旗口
小口子
大口子
南沟门
永丰
西湖
通吉
月牙湖
贺兰山国家级自然保护区
西湖农场
贺兰县
三公里羊圈
丰登
通昌
椿树口
苏花
高家闸
西新
双庙
大新硅矿
银川市
西夏区
金凤区
兴庆区
金贵
通贵
草滩
山咀庙
大新
通丰
沙沟沟
配件厂
洼路
司家桥
通南
河滩
十里铺
掌政
黄花
强家庙
兴泾
银川林场
望远
小墩墩
兴盛
良田
银广夏
临河
胜利
富家圈
永宁县
闽宁
新华
望洪
李俊
梧桐树
宁东
李家圈
邵岗
叶盛
灵武市
瞿靖
罗家湖
崇兴
海子湖
青铜峡市
郝家桥
大坝
吴忠市
板桥
麻儿台
马莲渠
满枣儿坑
金银滩
马沙锅窑
一道墙
高闸镇
西山城
白土岗
马家滩
扁担沟镇
曦泉
湖井子
一点山
北圈
荷井子
毛乌素沙地
内蒙古自治区
黄河
第三排水沟
西干渠
汉延渠
惠农渠
唐徕渠
东干渠
秦渠
汉渠
苦水河
盐环定扬黄干渠
吴忠市
图例
银川市 自治区行政中心
吴忠市 地级市行政中心
青铜峡市 县级市行政中心
崇兴 乡镇级行政中心
双庙 村庄
长城遗址
G93 国家级高速公路及编号
S16 省级高速公路及编号
京藏高速 高速公路名称
G109 国道及编号
S102 省道及编号
包兰线 铁路及铁路名称
银川城区
宁夏回族自治区
放大区域

怀远县城位于银川平原中心，至今已1300多年。

奠定银川古城基本结构的，是1038年李元昊称帝，西夏建都兴庆府。关于兴庆府的城址，许多学者做过研究，确认这是一座长方形的城池，开6门，正如明《嘉靖宁夏新志》中所载："周回一十八里，东西倍于南北，相传以为人形。"为什么建成长方形呢？因为南北都是湖泊，城区只能往东西方向拓展。至于为什么说是"人形"，众说纷纭。还有一种意见认为，银川城其实是"凤形"，以东城外的高台寺为凤头，城为凤身，凤尾迤逦到贺兰山。

作为西夏国都，兴庆府城非常繁荣，人口一度高达20万，其中驻军5万。蒙古人摧毁了城池，但后人不断在原址上重建。城头变换大王旗，城名也反复改易，先后叫过宁夏府城（元）、宁夏卫城（明）、宁夏镇城（明）、宁夏道城（清）、宁夏府城（清）、朔方道城（1913—1929）、宁夏省城（1929—1947）、银川市等，但基本轮廓不变，并且始终是银川平原独一无二的中心城市。至1949年，银川市城区面积约3平方千米，人口约3万人。

20世纪50年代后，银川市没有改造或拓展老城，而是在新满城附近另建新城，因为老城周边多为湖泊、湿地和水田，建设不易。包兰铁路以西属于贺兰山山前洪积扇，地势较高，多为荒地，不占良田。主政者的立意可圈可点，无意中把老城保存了下来。在近半个世纪的时间里，老城与新城，隔着十余里的田野湖沼相望，银川市形成了奇特的哑铃状双城。1996年，银川市编修的城市总体规划依然是：至2010年城市人口72万人，用地规模75平方千米，城市发展原则为"一城两区，空间间隔，协调发展"。没人想到要把双城连为一体。

进入21世纪，席卷全国的城市建设浪潮，激发了银川主政者填补双城之间空白的雄心。2002年11月，银川市新设金凤区，短短十几年时间，无数湿地填为社区，湖泊改成公园，农田化作街衢，一个现代化都会区迅速崛起。与此同时，银川市还与西北各大城市"决战空中"，继216米高的亘元万豪大厦封顶之后，高达301米的绿地中心双子塔又浮出地表——媒体报道称，后者将超越西安万达中心，登上西北第一高楼的宝座。

银川的未来会怎样？据《银川日报》2016年9月23日报道，国务院批复的《银川市城市总体规划（2011—2020）》将银川市定位为"西北地区重要的中心城市"。规划还预测，2020年银川市环城高速以内的中心城区用地面积为400平方千米，常住人口控制在130万人以内。我顺便查了一下国务院批复的福州市总体规划，同样到2020年，福州市中心城区用地控制在378平方公里，人口控制在410万人以内。银川人应该感到幸福，其人均用地是福州人的3倍。

与其依据城市总体规划预言未来，我宁愿面对一张地图，探究城市的往事。我最感兴趣的就是老城的"蛋黄"——银川古城。

拿着一支笔，我在银川市区图东边的兴庆区找到中山公园，然后找到公园西北角凤凰街和北京路的交叉口。好，就在那里落笔，然后笔触开始往下移动，沿着凤凰街、南薰街、清和街和北京东路，画出一个封闭的长方形。四条街，正好是清末银川古城西南东北四道城墙的位置，向东北

黄河两岸的冲积平原，是银川盆地最富饶的部分，承载着所有的良田和绝大部分聚落，其地理基础，来自黄河泥沙永不停息地沉积。经过两千多年的农田水利建设，黄河冲积平原上阡陌纵横，田野金黄　　摄影_张春荣

方略微倾斜。古城东西宽约2.7公里，南北长约1.8公里，如同一本摊开的书。古城之内是一个历史博物馆，集中了银川市的大部分文物古迹。

银川古城是银川市的发祥地；看上去，还像是现代银川市的母本和模型——后者正好也是一个横向的长方形。

天下黄河富宁夏

贺兰山是一道长达200多公里的天然屏障，主峰敖包圪垯海拔3556米，纵列于银川平原西边，高大的身躯阻挡了腾格里风沙和西伯利亚寒流。贺兰山东侧还发育出60多条横向沟谷，山洪暴发时倾泻大量沙石，在山前形成一个个洪积扇。无数个洪积扇连缀起来，变成带状的洪积平原，仿佛一条围在贺兰山麓的百褶短裙，有人形象地称之为“洪积裙”。

滚钟口俗称“小口子”，是贺兰山著名的沟口之一，据说西夏皇帝李元昊在这里建有行宫和避暑山庄。山谷三面环山，形如一口巨钟，中间有座孤峰钟铃山，恰如钟内铃锤。通往滚钟口的道路绿树成荫，我到达时是下午4点多，谷中已经望不见太阳。钟铃山附近树木繁茂，颇为阴凉。沟中巨石累累，没有一滴水，阳光照耀在山腰以上的石壁，白得晃眼。满山都是嶙峋乱石，不长树，散布着稀疏的野草。

隔几天去贺兰口看岩画，这回没有行道树，一个倾斜、辽阔、荒凉的洪积平原完整呈现在我面前。远近洪积扇倾斜的角度不同，在青蓝色的烟雾中，变成三四条浓淡不同的地平线。洪积扇上全是洪水冲出的乱石，巨石留在山边，碎石冲到远处，越远越细。洪积扇极度干旱，水都渗入碎石之下，只有最顽强的野草才能生长。洪积扇边缘的沙土地，开始出现一些果园。

“农田在国道110以东，国道以西都是没用的荒地，这几年才有人种葡萄、酿酒。”开车的李师傅说，“你看见那几个小山头吗？知道是什么吗？”

他指的是葡萄园里的石堆，每隔数百米就出现一座，像实心的小楼房。我想起那些散落的西夏王陵。莫非在搞大地艺术？但如此巨大的成本，中国恐怕没哪个艺术家负担得起。我想象不出它们的用处。李师傅笑着揭开谜底：“要种果树，先捡石头，捡来的石头堆在一起，就成了山。”

山前洪积平原是银川盆地最贫瘠的部分，要开垦成果园或良田，除了捡石头，更困难的是如何打井或开渠，解决供水问题。自古以来，洪积平原就是一块弃地，只有两大工程——西夏王陵和银川新城建造在这里。

贺兰山洪积平原是银川平原的一部分，它与富庶的黄河冲积平原连成一片，合称银川平原。而分布在青铜峡上下游的卫宁平原和银川平原，又合称宁夏平原，或西套平原。民间称黄河北部的“几”字弯为河套，所以宁夏平原（西套平原）与内蒙古的前后套平原（东套平原），又合称河套平原。秦皇汉武北逐匈奴，就派军在河套平原进行屯垦，大获成功，号称“新秦中”。古人称“黄河百害，唯利一套”，又有“天下黄河富宁夏”之说。

从自然地理的角度看，宁夏平原具有边缘和过渡的特色。首先，它是我国东部季风区和西北干旱区的过渡地带，降水稀少。

其次，它是黄土高原、阿拉善高原和鄂尔多斯高原交会的地方。众所周知，黄土高原缺水，后两大高原则以沙漠著称，但是最后，一条过境的黄河带来充足的水量，让宁夏平原免于沙漠化。

“在地理学家眼中，宁夏是一个不平凡的地方。很多地理学家都来这边考察，好多学科甚至都是在宁夏产生。”宁夏大学的汪一鸣教授说，“比如贺兰山，它就是中国干旱气候和半干旱气候的一个分界线，是内流区和外流区的分界线，也是纯牧区地带和半农半牧区地带的分界线。”

汪一鸣先生今年83岁，身体健朗，说起话来激情澎湃，条理清晰。他是上海人，1975年从中国科学院地理研究所调到宁夏农科院工作，从此在银川安下家。虽然改了行，但他多年来仍然致力于宁夏历史地理研究，成就斐然，担任宁夏地理学会名誉理事长。

按汪教授的观点，银川平原是一个断陷盆地，在贺兰山和鄂尔多斯台地之间陷落，两百万年前是一个浩瀚大湖，四周堆积着洪积相的砂砾石。有一天，黄河原始河道形成，湖水外流，开始出现河湖相沉积。黄河在盆地内来回摆动，泥沙不断淤积，湖沼不断缩小，于是形成了冲积平原。

银川平原南起青铜峡，北至石嘴山，长约165公里。东为鄂尔多斯台地，西为贺兰山，宽约42～60公里，总面积约7615平方公里。如果横切银川平原一刀，它的东西向剖面会是一个“L”形：西边为主体海拔2000～2500米高的贺兰山；底部由微微向东倾斜的洪积平原、冲积平原组成，海拔在1100米以上，最低处是黄河河床；最东端上挑的地方是鄂尔多斯台地，海拔在1200～1500米。

黄河河道的反复摆动，给银川盆地带来了广袤而深厚的冲积平原，土质细腻，地势平坦，湖泊众多。与干旱的洪积平原不同，冲积平原是一片水乡泽国，湖沼密布，其中许多是黄河故道遗下的。古代银川有“七十二连湖”之说，实际上湖泊的数量远远超过此数。《乾隆宁夏府志》记载了银川附近有名的48个湖泊，《朔方道志》记载了51处。1949年后，大量湖泊和浅水洼地消失，改为农田和建设用地。但是据2010年调查，银川市面积8平方千米以上的湖泊仍然有159个。近年来，为了保护湖泊湿地生态，恢复甚至扩展了阅海、鸣翠湖、北塔湖、孔雀湖、小园湖、珍珠湖、月亮湖的水面，夏秋时节到处是蒹葭苍苍、水鸟翔舞的景象。

经过两千多年的农田水利建设，黄河冲积平原上阡陌纵横，田野金黄。千百年的引黄灌溉，在地面形成了一层肥沃的灌淤土，有利于作物生长。汪一鸣教授说，银川平原从唐代开始大规模种植水稻，这边的产量竟然比江浙地区还高，说它“塞上江南”是有道理的。

黄河两岸的冲积平原，是银川盆地最富饶的部分，承载着所有的良田和绝大部分聚落。其地理基础，来自黄河泥沙永不停息的沉积。

漫游者与定居者

我很好奇，银川平原的最早居民是什么人？他们的生活方式如何？虽然不很清晰，但考古学家给了我们一些答案。1923年，法国古生物学家德日进和桑志华来到

贺兰山东侧无数个山前洪积扇连缀起来，变成带状的洪积平原，仿佛一条围在贺兰山麓的百褶短裙，有人形象地称之为“洪积裙”　摄影_徐胜凯

河东灵武市一个叫水洞沟的地方，挖掘出一处旧石器晚期文化遗址，最令他们惊喜的是，水洞沟人使用的石器，竟与他们欧洲老家的旧石器中期的莫斯特文化非常接近。

接着，水洞沟遗址又被考古学家多次挖掘，可以确认水洞沟人生活的年代距今2~3万年。除了发现更多莫斯特文化系统的证据外，还有学者指出，水洞沟文化延续了中国本土华北旧石器文化的传统。

有学者说，水洞沟遗址是“沟通东西方旧石器文化的重要桥梁”，但我关心的问题并没有得到解答：水洞沟人到底是白种人还是黄种人？不会是创造了莫斯特文化的尼安德特人吧？我们只知道，两三万年前有人来过这里，又消失了。

在贺兰山洪积坡地和鄂尔多斯台地的边缘，考古学家发现了20多处细石器文化遗址，表明四五千年前的新石器时代，有不少人群在这里活动。贺兰县暖泉村南约3公里的地方，有一处聚落遗址，建有多座浅地穴式的房屋居室，风格与西安半坡仰韶文化接近。这是银川境内最早的民居遗址。暖泉人有圆形灶膛、石磨盘和磨棒，表明他们能够研磨植物籽粒，用灶煮饭。

史前文化遗迹，最引人入胜的无疑是贺兰山岩画。据统计，文物部门已经在贺兰山各沟谷、山麓和洪积扇上发现了27个岩画基点，超过1万组的组合图画，以及3.5万幅单体图像。岩画最集中的分布点是贺兰口。我游览的那天下着细雨，山谷中空气清新，溪水轻快地奔流。湿漉漉的崖壁上，留神查看，到处都有石头凿出的线条图案，像是简笔画。题材最多的是人脸，以及牛、马、驴、鹿、狼、羊等动物形象，显然是游猎和畜牧民族的作品。山崖上，几只岩羊轻捷地跳跃，优游自在。

中国各地都有岩画，内蒙古、宁夏、新疆、西藏、广西尤多。很难断定它们的年代。比较可信的推测是，在漫长的时间中，许多古代民族都有所贡献，从史前一直到有文献记载的犬戎、羌戎、匈奴、鲜卑、突厥、回鹘和党项，主要创作年代约为三千至一万年前。天地如逆旅，百代如过客。那些漫游于大地的草原民族，偶然路过这里，看到前人留在岩石上的图案，也捡起石头凿划。他们是豪迈的人，没有停下脚步占有河谷的想法，连署名都没兴趣。谁知道他们又漫游到了何方？

银川的史前人类聚落，不是出现在鄂尔多斯台地边，就是出现在贺兰山谷，或山前洪积扇边缘，多为荒漠草滩地区，罕见于黄河冲积平原上，这一点耐人寻味，显示他们的生产方式侧重于游猎或游牧，他们是永不停步的漫游者。接着，农业民族华夏族出场，他们是热爱种植的定居者，被那片水源充足的黄河冲积平原吸引，开辟田园，建造城市。同一个盆地，生产方式不同，各民族偏好的地貌类型也不相同。

农牧民族在宁夏地区展开了激烈争夺。在宁夏这块土地上，曾出现鬼方、犬戎、义渠、乌氏、朐衍等强大部落。西戎杀周幽王，导致西周灭亡，周室东迁，秦穆公大破西戎，开地千里，都是华夏历史上的重大事件。

公元前272年，秦昭王发兵灭义渠，彻底击溃了西戎势力，在宁夏南部重镇固原一带修筑长城。半个多世纪后，秦王嬴政灭东方六国，建立了秦朝。接着秦始皇派蒙恬率30万大军北逐匈奴，夺取河套平原，筑长城，建城市，移民戍边，屯垦土地。在银川平原，秦朝置富平县；汉朝以富平县为北地郡治，并在银川平原增设灵州县、灵武县和廉县。

中原王朝对银川平原的开发是先南后北、先东后西。黄河出青铜峡，在广阔的银川盆地上逶迤北去，冲积出河东、河西两大块平原。因为要从水位较高的青铜峡开渠引水，平原的南部开发最易。黄河是中原王朝的天然防线，游牧民族的势力都在河西，所以河东最先开发。

汪一鸣教授说："银川平原最早开发的地方是牛首山北麓，就是青铜峡东岸附近、现在的吴忠市关马湖农场一带，秦汉建有富平县。这个富平县，因为羌人起义，后来迁到陕西去了。富平县其实就是银川地区最早的中心城市。到了北魏，中心城市北移，转到了吴忠市区附近的薄骨律镇，也就是后来的灵州。隋唐时期灵州大发展，是朔方节度使驻地，相当于今天的大军区总部，唐肃宗就是在灵州登基的。这些事情都发生在河东。河西那时候只有一个怀远县，地广人稀。西夏是个大飞跃，李元昊在河西称帝，银川平原的中心城市转移到了河西，带来了河西的大开发。"

灵州县是西汉所置县。原来黄河出青铜峡后分成两股，主流在西，支流在东，灵州县就坐落在两股河流中间的灵洲岛上。唐人颜师古说："此地在河之洲，随水高下，未尝沦没，故号灵洲，又曰河奇也。"黄河洪水不淹灵州，如有神助，所以命名为"灵"。灵州县于北魏改名为薄骨律镇，隋改灵武郡，唐改灵州，但城址不变。公元646年，唐太宗亲赴灵州，接见北方少数民族首领，安抚各部落。安史之乱爆发后，唐肃宗在灵州即位，指挥劲旅朔方军戡定大乱，收复长安和洛阳。这是一座边城最大的荣幸了。

古灵州到底在哪里？众说纷纭，有人主张在灵武市，有人主张在吴忠市。2003年在吴忠市利通区出土的《大唐故东平郡吕氏夫人墓志铭并序》可以确认，唐代的灵州就在吴忠市的古城湾一带。

吴忠原来是灵武县的一个镇，新中国成立后才独立为县、市，如今作为地级市，行政级别反而超过了银川市属下的灵武市。吴忠虽然是新市，但唐以前银川平原的历史都集中在这一地区，包括至今仍在使用的秦渠、汉渠，古富平县与灵州旧址。我在古城湾转了转，只看见一个黄河故道形成的牛轭湖，像是废弃的大池塘，水面差不多要被芦苇和荷叶铺满，岸边垂柳依依，对面有两排红色平房。这里以后要建公园吧？我猜。历史真是无情，一座名城消失，连块城砖都没留下。恐怕只有少数唐墓，在幽暗的地下，还封存着古灵州的记忆。

黄河在数百米的堤坝外咆哮，雄浑低沉，仿佛要激发牛轭湖的再次应和。不知为什么，从明代起黄河就与灵州城翻脸。史载：1383年，灵州城被黄河彻底冲毁，北迁10里；1427年，黄河冲垮堤岸，深入3里，直扑灵州城下；1428年，灵州城再东迁5里，终于摆脱了黄河的"追杀"。最后这座几经迁徙的灵州城，坐落在如今的灵武市区古城路上，惊魂已定。这里离黄河远着呢。

灵州城后来遇到的麻烦是人为破坏，因为最后两截残墙正好成为西苑社区的院墙，才侥幸留存下来。我看见一群工人正在高高的脚手架上施工，加筑女墙，并在土墙

海鸥在银川燕鸽湖畔休憩　　摄影_高凯志

经过两千多年的农田水利建设，银川平原上阡陌纵横，田野金黄

外面加铺一层青砖。西苑社区宁静整洁，每位老人都有一段关于城墙的个人回忆。但这座明清时代的灵州城，远离黄河后，只剩下一些微不足道的琐碎故事了。

20年河东，200年河西

海宝塔寺游客不多，我到那里时，正好遇上了一场超度法事。几位身披袈裟的僧侣双掌合十，领着一群跪拜在大雄宝殿门口的信徒诵经，声音震耳。大雄宝殿后方，就是九层高的海宝塔了。塔形大体呈正方形，但每层每边都有券门向外突出一棱，像“凸”字的上半部，共有十二角，颇为独特。

银川市区有两座古塔：海宝塔在古城北墙外，俗称“北塔”；承天寺塔在古城西南角，俗称“西塔”。古城内外，双塔对峙，与耸立在天际的贺兰山遥相呼应。

相传海宝塔最早为大夏赫连勃勃所建，那历史就长了，达1600年。赫连勃勃是南北朝时期匈奴铁弗部落的首领，于公元418年称帝，建立了国号为夏的政权——为了将这个五胡十六国之一的夏国与后来宋辽时期的夏国区分，一般称前者为大夏，后者为西夏。赫连勃勃的统治区域包括了今宁夏北部地区，但其首都统万城，却在今陕西省靖边县北的白城子。大夏政权宛如一场风暴，存国仅25年就被北魏所灭。统万城后来成为夏州治所。

西夏属于党项族创建的政权，但是与大夏颇有缘分。唐末，李元昊（西夏开国皇帝）的祖先拓跋思恭平黄巢起义有功，被唐朝皇帝赐姓李，封夏国公，任夏州节度使，在赫连勃勃故地形成割据势力。经过几代人的努力，尤其是李继迁（李元昊之祖父）艰苦卓绝的多年游击战，终于迫使北宋王朝默许其政权的存在。1002年，李继迁攻占灵州，改名西平府，成为统治中心。他的儿子李德明即位后，倾力向西发展，拓疆河西走廊，并于1020年从灵州迁都到黄河对岸的兴州（原怀远县城）。李德明的儿子李元昊即位后，于1038年正式称帝，升兴州为兴庆府。在银川城市史上，189年的西夏国都，无疑是最辉煌的年代。

西夏的遗迹现存不多，八角形十一层的承天寺塔就是其一。据明代《嘉靖宁夏新志》记载，西夏第二代皇帝李谅祚登基后，其母太后没藏氏于1050年建造了此塔。前院有口古井，相传没藏氏还是李元昊宠妃时，听从高僧指点，饮此井水百日，而怀上了李谅祚，所以她在井边建塔以供养佛祖。承天寺很清净，游人不多，坐在浓荫下的长椅上，听清风拂过树叶，飒飒有声。

其实海宝塔和承天寺塔均非原构。银川平原是地质断裂带，海宝塔多次被地震损坏，在最可怕的清乾隆三年大地震中，两座塔同时被毁，嗣后才陆续重建。我们今日看到的塔影，怕是赫连勃勃和没藏氏也未必认得出来呢。

西夏为什么从河东迁都河西？据《西夏书事校正》，李德明认为灵州虽然“北控河朔，南引庆凉，据诸路上游，扼西陲要害”，但是“地居四塞，我可以往，彼可以来。不若怀远，西北有贺兰之固，黄河绕其东南，西平（灵州）为其障蔽，形势利便”。

我觉得，根本原因在于西夏是一个少数民

恢宏的西夏王陵坐落在贺兰山东麓广袤的洪积平原上。近一千年前，大白高国（史称西夏王朝）将统治中心从河东迁往河西，自此，银川平原的中心城市在河西落地生根。在银川城市史上，近两百年西夏国都的历史时期，无疑是银川最辉煌的年代
摄影_董宏征

族政权，最大的敌人是中原王朝。从军事地理的角度看，在北方平原，黄河是阻挡游牧民族铁骑的最大天险。中原王朝屯军银川地区，必然以河东为根据地，阻河为守，顶多在河西布置几个前哨据点，所以唐代时，灵州已然成为天下重镇。但西夏本身就是游牧民族政权，大敌为河东方向的宋朝，只有迁都河西，才能发挥黄河的防御拒敌作用。情势翻转，河西进入大开发时期。一千年来，从兴庆府、宁夏镇到银川市，银川平原的中心城市在河西落地生根。灵州被边缘化了。

西夏崛起，对中原王朝是场灾难，陆上丝绸之路全面中断。宋朝只好倾力开拓东南海上丝绸之路。但是关于这一点，宁夏学者有不同看法。

鲁人勇先生是宁夏文史馆馆员，从宁夏交通厅退休多年，犹在孜孜著述。他于1941年出生于重庆万州，毕业于重庆船务学校轮机专业，19岁来宁夏一个农场工作，后来调到汽车运输公司，1981年调到自治区交通厅编《宁夏交通史》，从此开始研究宁夏交通地理，卓然成家。“以前丝绸之路是没有经过宁夏的。”他说，“1984年我发表论文《灵州西域道考略》，学术界才注意到这条路，开始把宁夏也列入丝绸之路。”

的确，我知道丝绸之路东段的北道擦过宁夏南端，在固原歇脚，但是没听说经过灵州。鲁人勇在论文中提出，唐安史之乱后，吐蕃占领了今武威、兰州、临夏、固原等地，丝路东部正道全面断绝，唐朝在西北只剩孤城灵州。从灵州到长安，早有一条经过环州（环县）、庆州（庆阳）、宁州（宁县）、邠州（彬县）的灵州道，共1250里。大约从公元855年开始，因为沙州（敦煌）归义军收复了河西走廊，出现了“灵州西域道”，共分三条。

北线去肃州：灵州—怀远县—三关口—巴彦浩特（阿拉善左旗）—居延（额济纳旗）—金塔县—肃州（酒泉），共2440里。这条路迂远，沙碛太多，很少人走。

南线去凉州：灵州—丰安县（中卫）—营盘水—凉州（武威），共900里。这是使臣、僧商使用的主道，路平少沙，食宿、水源都好解决。1226年成吉思汗率大军灭西夏，先后攻陷西凉府（武威）、应理州（中卫）、灵州，显然也走此路。

中线去凉州：灵州—青铜峡—孪井子—头道湖—察汉布鲁克—额尔额哈什哈—凉州，约1100多里。此路穿越腾格里沙漠，道路艰辛，西夏末年后不再使用。

“过去有种观点说，西夏断绝了丝绸之路，这个观点是错误的。”鲁老师说，“我专门写了一本书《宁夏：丝绸之路的门户》，就要出版。西夏不是断绝，而是控制了全部的陆上丝路。这是我的观点。西夏在交通方面还有几大功劳：一是开辟了兴庆府到汴梁城的道路；二是开辟了通往辽国国都上京的直道。后来元朝在宁夏设水驿，从宁夏中卫顺黄河设了10个站到内蒙古的托克托。”

因为多年在交通运输部门工作，鲁人勇对宁夏全区的道路系统、路况、里程、走向等非常了解，核对古籍，往往能梳理脉络，订正谬误。我走过贺兰山的大武口、三关口，以为只有两三个山口可以横穿贺兰山。但他告诉我，贺兰山40多个山口里，有9个可以通往山后，古籍里就记载“有谷道九条”。他前不久还去过苏峪口，乘车直达山后的阿拉善左旗。他说古代苏峪口叫骑道，走骑兵不走车；三关口叫车道，车骑都能通行。山口好守，地形险要，只要几道城墙寨堡和少数兵丁就行。

东有黄河天险，西有贺兰山屏障，坐拥丰饶的银川平原，控制中西交通。西夏189年江山，得地利之助甚多。

恢宏的生态系统

青铜峡仿佛黄河的细腰，把宁夏平原分为卫宁平原和银川平原两部分。因为水位较高，银川平原所有的干渠都从青铜峡引水。从前是无坝引水，1960年竣工了一座拦河大坝后，渠口多改为水量更稳定的坝上引水。河东有东干渠、秦渠和汉渠的渠口；河西有唐徕渠渠口。

如果说银川平原是黄河的大摆裙，裙幅修长宽阔，唐徕渠就是装饰裙幅的一株倒生大树，不断分出枝丫，竭力让树冠覆满裙摆，随着枝丫的不断延伸，树干越来越细。刚出青铜峡大坝时，唐徕渠水量充足，浩浩荡荡，打着旋涡穿过低矮丘陵；来到平原时，田野上稻谷金黄，芦苇夹岸，河道宽阔，它也变得有些慵懒。我很惊讶，这哪里像水渠，分明是一条不小的河流嘛。但是到了西干渠分流处，看到两座现代化的大闸门，把渠水分成两股，就明白这是一条被精心控制的“河流”。不久来到唐正闸，又是两道大闸门，将一股渠水分流到惠农渠。在一次次分流之后，身材苗条的唐徕渠才穿过银川市区，遗下万种风情。

唐徕渠又称唐渠，是宁夏引黄灌区最大的干渠，始开于汉，唐代重新修浚。明万历《朔方新志》称：“唐徕渠，亦汉故渠而复浚于唐者。”据吴忠礼等著《塞上江南：宁夏引黄灌溉今昔》一书介绍，从大坝开始，唐徕渠流经青铜峡、永宁、银川、贺兰、平罗5县市，全长314公里，其中干渠长155公里，支干渠长159公里，最大引水流量152立方米/秒。全渠建筑有退水闸28座、节制闸10座、涵洞52座、桥160座、渡槽11座、跌水3座、斗口744座，实灌面积达120多万亩（统计灌溉面积74万亩）。

这是一个结构复杂、设计精巧的人工水网，用于灌溉稻麦。水稻是南方作物，用水量大，用水时间也有讲究。有天我特地下到稻田，发现每块地都有进水口、排水口，连接到专门的供水渠和排水沟。它们高低不同，井然有序，并且互相穿插，形成复杂的渠沟网络。

银川平原有“塞上江南”“西部粮仓”的美誉，但它并非天然形成，而是人类开发了2000多年的结果。秦汉以来，人们在河东灌区开凿了5条干渠，包括河东总干渠、秦渠、汉渠、马莲渠和东干渠；河西灌区开凿了7条干渠，即河西总干渠、唐徕渠、汉延渠、惠农渠、大清渠、泰民渠和西干渠。这十几条大干渠，衍生出数千条支渠，以及难以计数的斗渠和农渠，像叶脉一样，源源不断地滋养着数千平方公里土地上的每一块田地。在如此完善的灌溉系统浇灌下，这片荒芜的土地才绿意葱茏，开出花来。

“宁夏平原是我国三大灌区（都江堰、淠史杭与河套）之一，其作为河套平原的“西套”，自然条件还胜过内蒙古的东套平原，被称为黄河金岸。”宁夏社科院前副院长吴忠礼先生说，“银川的原住民是北胡，他们是行国（指游牧国家），游牧文化。汉人开发出引黄灌区，发展农业，才让这块地成为宝地，不但是军事要地，还有养活军队的能力，西夏时还养下一个国家。银川周边没有大城市，古代400多公里到兰州，700公里到西安，骑马要三天三夜到西安城门，所以自然而然就是中心城市。”

从自然地理的角度看，作为内蒙古高原的一部分，银川地区属于温带干旱荒漠草原气候，年降水量只有200毫米。我国农区与牧区的分界线，大体接近400毫米等降水量线，穿过宁夏南部的固原地区。因此，位于农牧分界线更北更干旱的银川平原，最合适的生产方式应该是畜牧业。也就是说，银川平原的农业景观，完全是人工创造的一个例外，一个奇迹。所以汪一鸣教授反复强调说：“银川平原应该属于草原生态系统，是牧区，但是因为人类的努力，变成了绿洲，或者绿岛，建立了一个特殊的人工生态系统。”

上天给了银川一条黄河，同时给了三座沙漠——西边的腾格里沙漠、北边的巴丹吉林沙漠和东边的毛乌素沙漠。银川平原像是飘落在茫茫沙海中的一片绿叶，但这片绿叶生机盎然，因为人们在荒漠草原上创建了绿洲农业。

把这块9000多平方公里的绿洲想象为一座花园：它必须相对隔绝，才不会被饥渴的沙漠吸干，散失能量；它必须自给自足，才能在孤立无援的绝境中春华秋实；它宛如洪荒初辟，一切均需草创，挖凿水渠，开辟田地，播种耕耘，建立聚落，修筑城池……耗费了20个世纪和数十代人的智慧，无垠的荒漠里，终于出现一块花果飘香的“塞上江南”。这块奇异的飞地，仿佛航行于旱海中的生命方舟。

如果有人问我，银川什么最神奇？我的回答是：恢宏的人工景观——不仅仅是城市，还包括河流、湿地、树林、田野、道路和果园，一个宛如星球的独立生态系统。这是人类创造的最伟大事物之一，和上帝的花园同样精巧、绚丽，已经运行了上千年。自然最美，但巧夺天工不是更值得我们惊叹吗？

暮色四合，渔舟唱晚。落日余晖洒在波光粼粼的湖面上，这一派水汽潋滟的江南景象是银川平原上常见的生活场景，也彰显着当地人的富庶与骄傲
摄影_徐胜凯

古代银川有“七十二连湖”之说，实际上湖泊的数量远远超过此数。近年来为了保护银川的湖泊湿地生态，恢复甚至扩展了阅海、鸣翠湖、北塔湖、孔雀湖、小园湖、珍珠湖、月亮湖的水面，一年的多数时间里到处是蒹葭苍苍、水鸟翔舞的景象

塞上湖城，失而复得的幸福

撰文 张小溪

『塞上江南』的称谓，银川人已不再挂在嘴边，取而代之的，是『塞上湖城』。如银镜散落大地的七十二连湖，成为银川平原最闪耀的注脚，来处不一，面目相似。1949年后，围湖造田，填湖盖房，连湖曾急剧减少。直到21世纪初，连湖旧梦重被提及，一条艾依河开启通道。连湖，最珍贵的其实并非湖之多、景之美，而在于彼此相连，灵动大地。这是银川长久秀于塞上的独门秘籍。当年的连湖胜景或许是回不去了。但塞上湖城的重塑，无疑是一次生态的涅槃，一次艰苦而畅快的回溯，甚至是一座城市幸福感的最靠谱承诺。

第一次坐在银川市区北侧的览山公园上，是个晴好秋日。彼时刚领略过艾依河湛蓝的水，脚下是阅海的万顷天光，视线尽头，硬朗的贺兰山上云层翻涌，心里不禁一叹：江南纵有这样的婉约，却从未有这样的寥廓苍然。

作为一个南方姑娘，见惯了秀巧，我更着迷这种杂糅着荒凉与繁茂、粗犷与柔美、干涸与氤氲的“双生”之地。

漫天风沙中的水，雕塑了这样的气质。若说是因为贺兰山与黄河的加持，是旧时灌溉工程的福祉，会不会过于草率。

七十二连湖的旧梦

的确，没有什么能比湖让银川人更幸福的了。

即使是零下8摄氏度的冬日，每个湖都俨然一个乐园。除了鸣翠湖与阅海边的滑雪场，在冻得结结实实的湖上，骑着各式冰车放肆玩耍，大抵是每个银川人最日常的冬日消遣。可以结队在专门的区域砸冰洞钓鱼，亦可以孤独地一个人在冰面抽打陀螺，或对着冰湖旁若无人地唱歌。小伙子试图让萨摩耶溜冰，小狗却不给面子，战战兢兢地往岸上爬。

每天在湖边遛弯的人们说，银川离山有几十公里呢，当然天天跟水玩。

敢情亘古站在西边抵挡风沙与寒流的贺兰山，只是静默的屏障，非己之物。只有这湖、这水，是最可亲近的熨帖场所，是银川人最根深蒂固的回忆。

与任何银川人谈起湖，最终，都会走向七十二连湖。

亲眼见过连湖胜景的人，必定已是70岁以上的银川人。当时年幼，其实也大多是零星之湖的记忆。虽然不曾亲见，他们却如此理所当然地将七十二连湖当成公共记忆。

“七十二连湖”的说法最初出现在什么年代，已不能确切地知道。清《乾隆宁夏府志》在记载朔方八景之一的“连湖渔歌”时就提到：“唐渠东畔，多潴水为湖，俗以其相连属，曰‘连湖’，亦曰‘莲湖’。”清人田霖更进一步写道：“闻说连湖七十二，沧波深处聚鱼多。”

有人试图去搜集七十二湖的名字。

清代《甘肃通志》的一段记载被广为引用：“唐渠东岸曰解而湖，曰杨家湖，曰陈家湖，曰洛洛湖；汉渠之西岸曰平列湖，曰老鹳湖，曰双塔湖……坎坎相连，名曰‘七十二连湖’。”

明清时期，在宁夏地方志中有清晰记载的湖泊达48个。月湖夕照、连湖渔歌、西桥柳色，都是与湖有关的胜景。

目力所及，未曾见谁集齐过72个湖之名。其实七十二连湖，不过是泛指，其意指湖多且断续相连。所谓黄河东西皆有七十二连湖，无非是两岸湖皆多，但西岸必然数目更大。

唯一一次直观感觉连湖之貌，是在银川城市规划展览馆。1951年银川市郊区行政区划图上，趋于一半都是水，比例让人惊讶。当时，银川城人口不足3万，城市内田地、菜园占了相当大的比例，城乡共生，与乾隆年间（1736—1795）满城搬迁至府城西15里、新旧两城并立的格局几无区别。那时的银川，是一座完全被大水围抱的城。不管是湖滨街，还是从当时银川旧城的西城门（即镇远门）出去的两边，或者银川到吴忠的路边，到处是明晃晃的水面。

直至今日，连湖的名称还经常用在某个湖泊上。古代有单个湖泊叫连湖，已难考证其确切位置。如今银川城区有七子连湖；平罗有连湖农场，想必前身也叫连湖；也有人说宝湖曾叫连湖，鸣翠湖曾叫连湖，几乎已是一笔说不清的旧账。

有些湖出现了，又消失了，也许留下了名字，或者连名字都无迹可寻。将数万年时间快进，有点像打地鼠的游戏，噌的这里一个湖，噌的那里一个湖，此消彼长，颇为随机。

连湖在不同历史时期的微观面目，也很难寻到日常表达。文人留下的诗歌总是过于抒情，最容易找到的，无非王朝与达官贵族的踪迹。

我特意去热闹的中山公园，为了寻与西夏王朝有关的湖。传说中，900多年前，西夏王朝在此建都，利用城西北角的天然湖沼建起王家宫苑，如同唐代长安城东南角的曲江池王家园林。中山公园湖有明确记载的年份为民国时期，但即使历史只到民国，也算占尽地利与荣华。世间动荡，而它却能平静留存，是银川人最熟悉的水域。

明代，达官贵人将水玩得风生水起。城东金波湖“垂柳沿岸，青荫蔽日，中有荷芰，画舫荡漾，为北方盛观”。地势低洼的城南南塘，则垫路整修，植柳千株，渐渐也杨柳夹堤，周道如砥，湖水浩浩然也。

“菰蒲萍藻，鸥鹭凫鱼，杂然于中。泛以楼船，人目之如西湖，居民喜为乐土。”虽然我总疑心这样的表述过于粉饰，这样的乐土不过是少数人的乐土，但单从自然风光而言，我们看到太多一致的描述。湖中生长着茂盛的菱角、藕、荸荠、茭白，成群的天鹅、雁、鸥、鹭翔集，与今日并无二致。人们将芦苇、蒲草加工成芦席、蒲纸。一到秋季，被划为官湖的湖泊就作为采运军马草料的基地而呈现忙碌的景象。

宁夏先人很早就重视水道相通，明代曾从大渠打通小渠通到城里，用来灌溉花草。坐拥连湖，坐船出行并非难事。旧时城北的北塔湖，一年两次大庙会，城里人都坐着小船赶庙会，这个惯例一直延续到几十年前。在汪一鸣教授的构想里，今日若能疏通水系，从中山公园银湖打通水道到北塔湖，有庙会时，依旧可以坐着小船去北塔，那就美了。

除人人皆知的七十二连湖外，还有一个鲜为人知的“千金大陂”。据鲁人勇先生考证，在七十二连湖出现之前，银川大地有“大湖”，长50里，宽10里，最早见于唐代李吉甫所著《元和郡县图志》。大湖南端在唐代灵武县（今青铜峡邵岗镇）北42里，估计是今永宁县增岗，北端一直延伸到阅海北端稍北。照这样说来，今日由大小西湖组成的阅海在唐代应属于千金大陂的一小部分。而原西湖农场西边在唐代有地名曰“千金堡”，正好佐证。

鲁老推测，千金大陂经过千年淤积，就形成了此后七十二连湖中的部分湖泊。至少银川市区以南的水域，很多与此可能有关。

其实这样的大湖也不算什么。时间回到几百万年前的地质时代，整个银川盆地可是一片汪洋呀。

黄河的恩赐

翻开地图不难发现，湖城，其实并非行政区划上的“银川市”，整个银川平原，都当得起这个词。

一个年均降水不足200毫米、蒸发量1200～1800毫米、三面被沙漠占据的塞北之地，却密布湖泊、湿地。用惯性思维来想象大西北的人，抵达后总有各种惊讶。

追根究底，黄河居功至伟。黄河奔腾5464千米，若论与哪片土地纠缠最深，莫过于银川平原了。看似轻描淡写地从南往北斜斜流过，并不缱绻迂回，却完成了最大方的馈赠。它洞穿贺兰山余脉牛首山，从青铜峡奔涌而出，自此在开阔的地带变得舒展、宽大、柔和。相较于黄河在其他地域或深切于沟谷，或高悬于地上，以“黄害”被人铭记，银川段的黄河消去了桀骜不驯，以熨帖的姿态安静路过。自青藏高原进入宁夏境内，该段黄河河道长378千米，总落差200米，人们对黄河水的利用变得容易。以黑山峡与青铜峡为节点，分别利用自然落差就可修渠引水，滋润出卫宁平原与银川平原。

当然，黄河也不总是那样体贴。黄河最任性的表现，莫过于在银川平原的随意摆动。一马平川的大地，让黄河流经时有很多岔道，岔道不通畅就易改道。它并不会任意游走，就这么一点点地自然移动，甚是频繁。

曾在中科院地理研究所工作过的汪一鸣，为了与在新疆生产建设兵团工作的妻子团聚，双双调到宁夏工作，一晃42年。周末他经常独自骑车到处看湖。20世纪70年代末，清水湖、严家湖……到处都是野湖，是很自然的模样，“湖岸跟过去的黄河河岸很相像”。与今日黄河基本平行的一竖排湖——清水湖、严家湖、鸣翠湖，一直到永宁的鹤泉湖，他判断都是黄河故道，且是明清时期的故道。不过400年时间，黄河已在东边3公里处欢腾奔流。

唐徕渠以西的七十二连湖中，还有更早的故道。据汪一鸣推测，阅海可能是6000年前古老的黄河遗迹。擅长考据的鲁人勇老师则认为千金大陂可能是汉代留下的河床，包括艾依河一线皆汉代故道，“地下挖下去八九米深，都是非常漂亮的金色沙子”。往东，虽已消失却留下“长湖一队”等名的长湖，大约是唐故道。鸣翠湖一线的故道是宋以后的事情了。

地理学上，河道迁移后，古河道不通水道，慢慢淤成一连串的湖，多呈弯弯月牙状，也像牛轭这种犁地所用农具的形状，所以叫“牛轭湖”。古河道较深，比起季节性湖泊，寿命更长，当然日子一长，泥沙淤积，部分也难免泯然大地。

那阅海为何历久弥坚呢？

银川平原周边大地构造复杂，分布着诸多断裂带，其中贺兰山东麓断裂带起到重要的作用。银川平原作为一个断陷盆地，其中心部分一直在沉降。而阅海既是黄河故道，又处沉降中心，得引黄渠水与雨水补给，从而维系着“千秋万代”的存在。

而一些早已成为荒漠的地方，也不经意复原着黄河与旧日之湖的亲密关系。

银川以东30公里的水洞沟，是烈日下的一抹苍黄。考古学家们持续近百年在此挖掘古人类的遗址，从蛛丝马迹里复原三四万年前的景象：湖水荡漾、水草丰美、植被茂密，宛如热带雨林。

水洞沟其实是黄河的产物。它虽然是细小的支流，出现的年代却很早，黄河形成的堆积阶地在边沟两岸都有发育。地壳稳定时，边沟被侵蚀成比较开阔的河谷平原，气候温润阶段，就出现小型湖泊湿地，这里曾生长着高大的鹅耳枥、云杉，奔跑着巨大的原始牛。后来沙漠出现，但湖泊依旧庇护生灵，让这里灌木丛生，卷柏、茜草、黑三棱……和今日银川一些湖泊又是何等相似，只是人们早已不再以狩猎为生，也不再拿鸵鸟蛋皮磨成装饰品送给心上人了。

回到更久远的地质年代，距今100多万年前，古黄河流水不断下切侵蚀，打通一个个分水岭，最终贯通东流，才将各个古沉降湖盆慢慢冲积成平川。古银川湖盆不过是其中一个，却是最得利的一个。

据《2015年宁夏水资源公报》数据，2015年，黄河干流252.499亿立方米的水进入宁夏，出境实测年径流量213亿立方米，进出境水量差39.499亿立方米。整个黄河流域，能被黄河水如此慷慨滋养的土地，唯有宁夏吧。

在银川，我一次次去亲近黄河。回想许多年来，我曾看过各个段的黄河，看过它的咆哮，在清澈河水里濯过足，吃过各种黄河鱼，坐羊皮筏子漂流过。谁叫这是一条深深植入中国人血脉的河呢。

暮色四合，62岁的马忠诚正骑着摩托车巡护丁坝。在黄河边生活了一辈子的人，并不如我们外地人这般把黄河当回事。黄河是他们的童年、少年、青年、中年、老年，是可以轻易游过去的200米；既可以在十八渡口坐船往来，也可以到对岸收一袋袋的生葵花子，任性地用塑料袋一裹，就游着泳推过河。

起浪的黄河被冻得如浅丘一样起伏，有点寂寞。暖和的季节，有更多人与它嬉游。马忠诚可以用专捕大鱼的五指网，一天网住30斤鸽子鱼、黄河鲤鱼。

在我离开银川五天后，黄河银川段河面已看不见浮冰漂移，黄河静悄悄地平稳开河。大地也即将醒来。一年又一年，黄河以这样的节奏，与银川大地默契配合，休养生息，万物轮长。

渠与湖的共生

若只有一条黄河过境，银川成为湖城的概率要小很多。

千丝万缕、如枝如蔓，这是爬满整个银川平原的渠。一滴黄河水要抵达作物，通常要经过这样的路程：黄河、总干、干、支、斗、毛、农渠，其间可能路过大大小小的闸与斗口，体系庞杂。

银川平原到底有多少条渠？仅一个唐徕渠就有522条支渠。据官方数据，宁夏平原共有干渠14条，总长度1397公里；干支渠达3000多条，总长度7000多公里；排水沟40条，总长1825公里；灌溉面积600多万亩。干渠总长度加起来，已远远超过京杭大运河。

“一方之赋，尽出于屯，屯田之恒，藉以水利。”要护住天地赐予的绿洲，人们生生世世都在与渠纠缠，如同宿命。西夏王朝甚至将灌溉与水利工程养护写入国家法典，护之如命。

其实明了各个朝代银川平原所处的地位，明了千百年来中原汉族与少数民族在这儿的拉锯，就会明白这个古灌区的战略意义。直到清代满族人一统山河，烽火熄灭，终于只需专心致志发展农业，灌区得以走到巅峰。

古代无坝引水，形成多首制渠系，即每个渠有自己的引水口，各干渠与黄河平行排列，将灌区土地分割为南北长条。银川平原今日十大干渠，格局并未大变，如同黄河生出各种支流爬过平原，再复归于黄河。只是青铜峡筑起了大坝，黄河水流经此处，开始变得温驯，耕田的人不必岁修渠口。渠水被精确地监控与分配，渠道被更好地疏浚、取直、硬化，原先要7天7夜，水才能从渠首流到渠尾，如今只需两天。

我曾辗转寻去青铜峡。在烟雨迷蒙的青铜峡古镇，遇到窄窄的秦渠，两排垂柳轻易地就把渠隐蔽，有那么一点从远古来的意思。想到2000年时间里，那么多古渠，几乎都是这样的面目，像一条真正的河流，滋养土地，也偶尔冲刷、泛滥、改道。太多的故事要说，它们饱含情感，努力存在，只是再也不能见到古渠的匠心开端。

登上青铜峡水库西岸崖壁下的大型古塔群——一百零八塔，回望对岸的牛首山，突然有一种被簇拥的感觉，山与水，都那么单纯地围拢。牛首山那些面无表情的奥陶纪碎屑岩与灰岩，与贺兰山余脉日夜相对，约束着从青铜峡冲出的水，河床与水位都相对稳定。秦汉时，人们精明地把引水口选在这里，今日的水利枢纽也横亘在此。

银川农业文明溯源，最终必定要走到这里。而渠之首功，在唐徕渠。

在银川人心中，相比10公里外那条黄河，南北纵穿城市的唐徕渠更具“母亲河”的意义。它是“渠王”，在元代曾长达400

里，如今取直，唐徕渠干渠依旧流淌近155公里，滋养120多万亩田地。

与夏日的葱郁不同，冬天的唐徕渠薄冰覆盖，垂柳的叶如黄竹叶一般飘落，喜鹊在冰上活泼地找虫子。它每年只在4月20日至9月20日有水流过，10月复有一次冬灌，其他时间皆干枯。但人们并不介意，依旧喜欢在渠边跑步、打太极，打发时光。

渠的使命永是灌溉，但它附带生出了这许多的湖。为了能自流灌溉农田，渠一般修在略高的地方，两渠之间皆是洼地，引水有之，退水不足，泛滥时，渠间极易形成洼地湖。

据汪一鸣先生研究，到唐代中叶，银川平原已大面积栽培水稻。当时唐徕渠灌区主要位于银川平原中部的重沼泽化地段，要利用并改造成农田，就要采用开沟排水、种稻洗盐的古老办法。自那时起，银川平原部分自然湖沼在人为的开荒干预下，加速湮废，渐成水田。而随着稻田的扩展，引水量增加，灌溉余水又容易在其下游洼地汇聚成一些新的湖沼。明清之际，银川平原灌溉面积大规模扩展，特别是清康熙、雍正时期新建了大清、惠农、昌润等渠，灌溉面积从原来的170余万亩增至240万亩，但因为排水设施跟不上，灌排不平衡的问题非常突出，造成大量的渠间洼地积水成湖，光清代宁夏府城（今银川）就有长湖、月湖等较大湖泊48个。

查看1935年测绘的“宁夏全省渠流一览图”“唐徕渠流域图”，大多数支渠尾闾均为湖沼。这真是当初在灌区内开垦沼泽地的人始料未及的连锁反应。

放到长的时空里看，地质时代与人类历史时期水面缩小—扩大—缩小的复杂过程，受到地面沉降、泥沙淤积、黄河泛滥、气候变化等多种自然因素的影响。但自秦汉引黄灌区开发以来，水面的变化就与不同阶段灌区的开发活动有了密切关系，自然因素反而相对居于次要地位。七十二连湖，在清代与民国时期达到顶峰，因为修渠在清代也达到高潮。

这些湖，曾屡屡被歌颂。“澄泓一碧，山光倒影，远树层匝，时有轻舠出没烟波中，过者淼然动江乡之思。”清《乾隆宁夏府志》里对“连湖渔歌”如此描述。如果光论景色，自是很美，然而真相很残酷，直白地说，生成美景的往往是一场水灾。“水潦横流，浸及陇亩，野生螟螣，略无禾苗”，湖沼和田地汇成汪洋一片，沼泽化与盐碱化，让平原中部粮食亩产长期仅有几十公斤。当年那些欲哭无泪的人们，大抵无心唱起连湖渔歌。长渠流润，民生多艰。

这一条条渠，有刁雍、郭守敬一代代人前赴后继的智慧，让简陋之渠愈来愈科学，建起了渠、堰、陂、塘、水坝和水闸（斗门）串起的完整系统。但水，终不可被控制。

纵观两千年的“渠湖史”，特别像上天狡黠拨弄着黄河与人类玩着一场漫长游戏。没有外挂，游戏朴素而诚实，没有谁占据绝对优势，遵循着农耕文明的节奏，此消彼长，顺势而为，直到60年前。

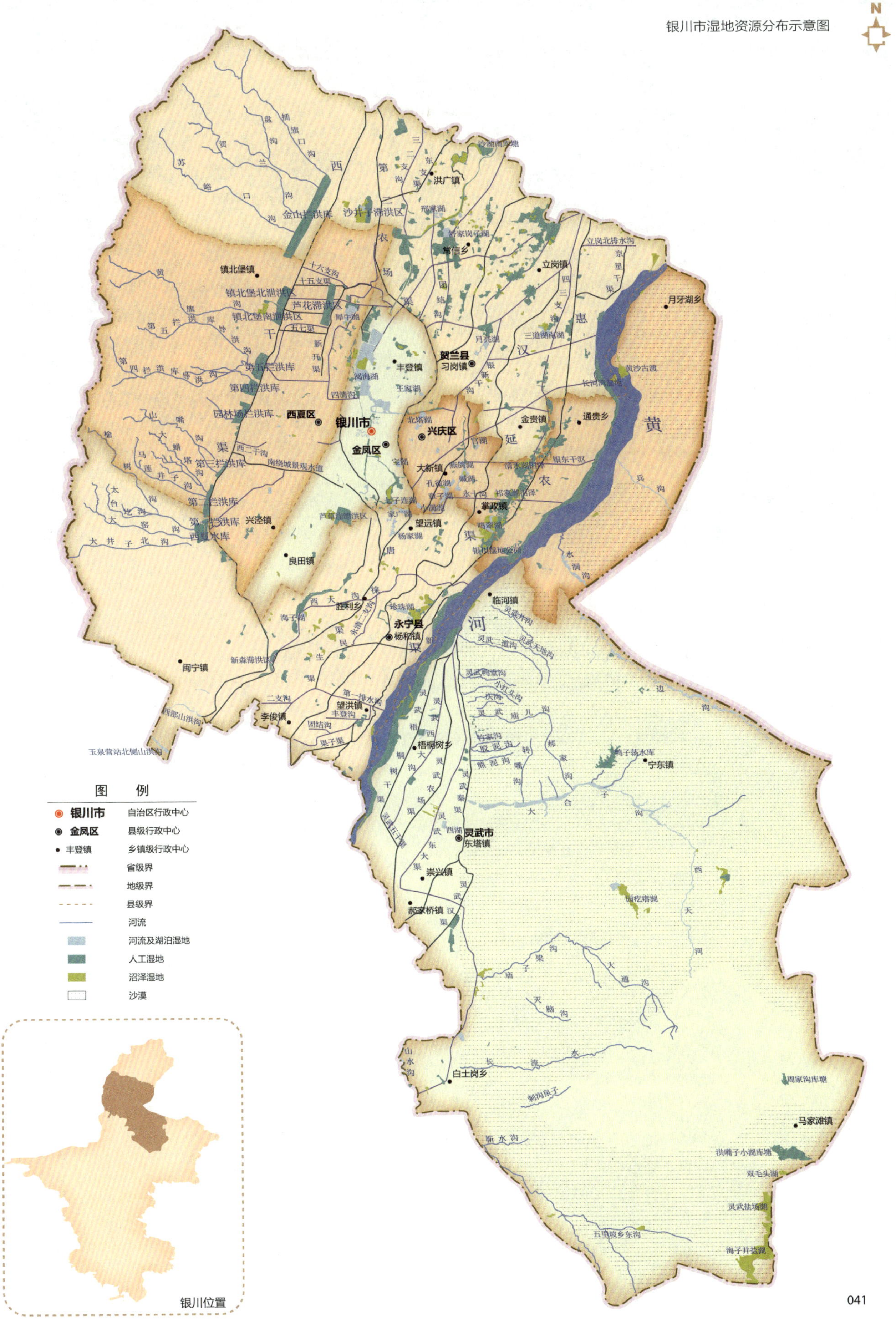
N
图例
银川市 自治区行政中心
金凤区 县级行政中心
丰登镇 乡镇级行政中心
省级界
地级界
县级界
河流
河流及湖泊湿地
人工湿地
沼泽湿地
沙漠
银川位置
银川市
金凤区
西夏区
兴庆区
贺兰县
习岗镇
永宁县
杨和镇
灵武市
东塔镇
丰登镇
镇北堡镇
洪广镇
常信乡
立岗镇
月牙湖乡
金贵镇
通贵乡
大新镇
掌政镇
望远镇
兴泾镇
良田镇
胜利乡
闽宁镇
望洪镇
李俊镇
临河镇
梧桐树乡
宁东镇
崇兴镇
郝家桥镇
白土岗乡
马家滩镇
黄河
唐徕渠
西干渠
惠农渠
汉延渠
边沟
大河子沟
西天河
苏峪口沟
贺兰口沟
大井子北沟
沙湖
鸭子荡水库
周家沟库塘
洪嘴子小湖库塘
双毛头湖
灵武盐场湖
海子井盐湖
五里坡乡东沟
山水沟
长流水
甜水河
黄沙古渡
鸣翠湖
阅海湖
玉泉营站北侧山洪沟
西部山洪沟
新森滞洪区
芦花滞洪区
沙井子滞洪区
金山拦洪库
西夏水库

消失的湖沼

倘若20年前来银川，要想象七十二连湖的模样，是件很难为人的事。黄河与绿洲尚在，湖，却零落成泥。

湖的减少，在20世纪50年代就开始了。在构造湖、牛轭湖、扇缘湖、渠间洼地湖中，最容易消灭的是本就偶然产生的浅水湖泊与渠间洼地湖。那个热火朝天的年代里，完整的排水沟系统迅速开挖，渠间洼地湖因而快速减少。客观来说，这些排水沟对垦殖农田起到了很好的作用，如果能体会种田人无收的苦楚和对粮食的渴望，湖的消失也就不见得那么令人痛心疾首了。

宁夏大学资源环境学院马建林老师关于银川平原湿地的初步研究里，一组数据显示，银川平原的湖泊湿地面积从20世纪50年代前期约54万亩，到1988年只剩下16万亩，水深也大为缩小。

湖的去向，跟人们的时代追逐匹配。20世纪五六十年代湖泊面积第一次严重衰减，是因为填湖造田，一个个美丽湖泊变成农场田畴。连湖、巴浪、暖泉农场这些国营大农场，几乎都是此时填湖而来。

七八十年代开始，湖泊面积的第二次大衰减，则是因填湖造房，一个个湖泊变成住宅小区，著名的湖滨小区就像一个隐喻，湖在哪里呢？湖已在房子之下，空余一个名字。

那时，湖泊湿地的价值尚未进入公众视野，只有像汪一鸣这样具备专业素养的人，才会在20世纪80年代初就提出保护牛轭湖、构造湖等自然湖泊。然而声音那么微细，如雁过无痕。

这种如直线下坠的数字，在90年代到达谷底。湖泊面积锐减，被破坏的水系带来严峻后果，银川市民的感受最为直接。银子湖附近的永二干沟，曾流水清亮，鱼竿子甩出去就能钓到鱼，终于，鱼虾死绝，臭气熏天。体系崩坏，最后的容器沙湖、黄河银川段承受污浊，水质都曾达到V类。

湖沼数量和面积的下降，也与银川的人口变化历程息息相关，那是一种时代的烙印。

我查阅了银川人口变化的相关数据。1949年银川有23万人口，1958年已增至48万。1960—1965年，沿海地区搬迁大批骨干企业来银川，新市区成为“铁西工业区”，城市空间跳跃发展，形成老城（今属兴庆区）、新城（今大部属金凤区）、新市区（今属西夏区）三区东西走向并立的带状城市空间形态。越来越多的人口涌入，银川总人口数在1970年达到60万。我曾在宝湖边遇到一对老家洛阳的老夫妻，就因没饭吃，初二那年辍学来银川讨生活。那是20世纪60年代，遍地招工，他很快就进入汽修厂，自此一生。

1970年至2000年，银川人口又翻了一倍。2015年，实有人口309万（常住213万）。银川打造塞上湖城，作为西北最宜居的城市，它有着让周边省份人都来定居创业的野心。

如此大的人群需要吃饭，向湖要田；如此

多的人要生根银川，向湖要地。湖沼的逐渐消失，也便不难理解了。

最终，七十二连湖只剩下唐徕渠以西的宝湖、西湖、银川城内中山公园里的银湖等孤独的几个湖。银川人记忆里那些明晃晃的水面，都悄然不见了。

湖滨街边的“无名小湖”，今天也只余湖滨街来纪念了。那时，湖滨街附近的湖和银湖是离老银川城最近的湖。男娃们欢脱嬉闹，夏日钻进茂密的芦苇去摸野鸭蛋和水鸟蛋，宽大的芦苇叶则是端午节包粽子的原材料。冬日，满城的人在冰面上玩各种花式溜冰、砸冰洞钓鱼。

说来有意思，虽然钓鱼、抓鱼是银川人酷爱的水上活动，但老银川人基本不吃鱼，大概是吃惯了羊肉，不爱刺多的吃食，嫌其太不西北豪爽范儿。银川是移民城市，这些鱼倒是帮很多迁徙而来的人家熬过最艰难的时期。那会儿，长满芦苇与蒲草的北塔湖，里头数不清的鱼虾，徒手就能逮着。

人们想不起具体的时间，北塔湖总之就小了，鱼虾少了，鸭子没了，湖畔荒凉。坐着小船赶庙会的旧梦愈来愈远，而陪奶奶在湖边听过的秦腔，也与这湖一样，渐远。

让老银川怀念的那些消失的行当里，其中一个是蒲编。散发清香又有弹性的蒲草，在灵巧的手尖穿梭几回，就变成了实用的蒲包、蒲草篮子。

它们，也与湖一起消散在时间深处。

重回湖城的路途

河、渠、湖、海，这本应是一座“水城”。

与水渐行渐远的银川人，终于感觉到了不自在。在不为吃饭而焦虑的时代，人们开始对塞上湖城燃起旧梦。

宁夏大学环境资源管理学院学者选用不同时段卫星遥感图像研究，发现1997年银川湖泊湿地的破碎化程度最大，2004年后破碎程度有所减轻。这与银川2001年起生态立市的建市方针有关。以2001年为“新湖城元年”，整整16年，银川的水又卷河重来，塞上湖城的轮廓已重新勾勒。

银川开始恢复湖泊湿地，市民显然是喜悦的。对水的渴求与热爱也直白地写在银川的每个角落。

宾馆是悦海宾馆、隆湖宾馆、黄河明珠大酒店；路是阅海路、宝湖路、连湖路、尹家渠路、亲水大街；小区楼盘也是，湖滨小区、湖畔家园、唐徕小区、亲水苑、枕水人家……这些小区，似乎无不亲水，其实有的亲渠，有的近湖，有的曾经有水，有的只是幻想。

市民的印象里，阅海变化最大。2002年，开始对低产田、鱼池进行还湖治理，阅海就是其中的大手笔。阅海由大小西湖构成，大西湖的前身是西湖农场的鱼湖。今日环绕阅海的镇苏路边，仍绵延渔庄与钓鱼中心。

过去西湖湖面小、湖水浅，杂草丛生，互不连通。治理方花了大力气进行水道清淤，用湖泥堆出了览山以及湖边各个小岛，修复植被与鸟类栖息地，再由艾依河将大小西湖串联，改造后的阅海抵得上3个杭州西湖的面积。2006年，阅海公园荣获“国家级湿地公园”称号，这是西部第一个。

温暖的季节，阅海俨然是水上乐园。荡舟其间，被刻意保存的小小芦苇丛壮硕桀骜，与阅海本身的野性倒是很搭。

湖东岸的花博园，遍布楼台亭阁，誓把阅海周围变成休闲好地方。而湖边原先的丰登镇西湖村，已经变成阅海湾中央商务区，小小的陈家湖、罗家湖都不见了踪迹。

丽景湖则小小的。冬天莲蓬头冻在冰面，有一种脆弱的美。80岁的张全孝老人每天都围湖散步，精神如湖边神气的白杨。在他的记忆里，这儿挖成湖不过十多年，此前是一块荒芜的沼泽，他们钓上鱼来就地烤着吃是寻常事。元宵节临近，湖边人们正“闹红火”、舞狮子，墙根下是打字牌的人、跳舞的人，也有阿姨一个人唱着陕北民歌在风中陶醉。

两天时间里，我足足游了银川10个湖。这些湖，或开阔，或玲珑。即使冰封，也因欢欣的人充满生气。若是夏日游湖，当是垂柳依依，芦苇、蒙古香蒲、水麦冬甚为丰满，还有浮萍、眼子菜等浮水、沉水植物。鸟群在遥远的迁徙过程中，都乐意停下来歇歇脚。

寻到银川城东南面石油城里的燕鸽湖，当初四个串联的湖，已被隔成几块，这两年春天突然飞来大拨儿红嘴鸥。想象那些在云南翠湖、洱海、泸沽湖越冬的红嘴鸥，北返路途中是如何发现这个小小的湖以及和善的人们。小区居民将精灵飞来的时间记得如此牢固，2017年，红嘴鸥提早到3月初降临，给了燕鸽湖一个惊喜。

从燕鸽湖沿银横公路向东，很快就可以到鸣翠湖。那里水域宽广，有8000亩湿地，更多的候鸟选择在此休整。“湖光戏柳、草树烟绵、百鸟翔集、鱼跃其间”，尽管在冰封的冬天，也不难想象出暖春的景象。我小心翼翼地往湖中走，去看那冰层中苍黄的芦苇。画面那么澄净，天地高远，我终究还是狠狠地摔倒在这芦苇前。芦苇有魔幻的美，从天空俯瞰，春天是绿色迷宫，秋季是金色迷宫。荡起船划入苇阵，或是在星空下露营，看湖心岛红嘴雁成群扑起，都是鸣翠湖留给人们的美好时刻。

鸟真的很安心于这湖城。冬季树叶落光，暴露了所有的鸟窝，是那样的密集，我所路过的黄河边、北塔湖边、鸣翠湖边……处处如此。我热爱那些鸟窝，以及鸟儿筑巢的光亮的白杨树、沙枣、红柳……

与鸟一样，筑巢在银川的人们，都曾有与湖亲近的往事。去宝湖的路上，的士司机焦少刚是贺兰县人，起初很严肃，聊起少时那大野湖，眼睛就放起光来。他已有很多年没有像儿时那般，在湖面捣个冰窟窿，待鱼喘气时，一渔捞子就把鱼捞起来。

所有的记忆都那么平实、雷同，只是那时的湖更野、冰更厚。

如今他们终于重新拥有一块水面来安放幼

时的记忆，安放当下的闲暇。湖是日常，脚步自动迈向它；湖是收容，创作遇到阻碍的画家会踩着拉风的自行车去环阅海骑行。他们惋惜于我未见到春夏时分湖最美的样子。其实我更热爱这深冬的湖城，这才是它独有的面孔。

在这片土地上，黄河、古渠与湖泊湿地的关系一直在动荡。今天，终于不再是古渠无法安全退水最终塞湮成湖，而是这些湖承受不住暴烈太阳的蒸发，反而需要渠来给它们补水。唐徕渠旁的宝湖就得益于此。连云港人王叔说以前宝湖一年一干，鱼都活不成，全是一丛丛芦苇，10月底上冻后村民就开始割芦苇做席子。如今春秋季节有唐徕渠补水，水面扩大，而已被包进城市的宝湖，栈道水亭一修，原来的野湖立即高大上起来。

从宝湖沿着唐徕渠往北，冬日阳光照得一片明亮，天地变得纯粹。记起夏日雨后初霁，自北京中路唐槐园往南步行至宝湖。繁茂的刺槐、柳树、酸枣树下，散漫走来，目睹每一个人与这渠的亲近。有位阿姨拿渠边湿地的荷叶泡了一壶荷叶茶，加了些许红糖。我向她讨了一杯，正好听她的银川往事。

每一个遇见的人，都乐意跟我聊几句他们生命里的湖，虽然细节很多是模糊的，生活也并无新意。我理解的是，只有我这种匆匆而来的陌生人才会追究细节与来处，而对他们漫长的一生来说，身边的湖与水，都是理所当然的存在，是安心的日常，无须过多打量，享受就好。

最新普查结果显示，银川市湿地面积5.3万公顷，全市有自然湖泊、沼泽湿地近200个，面积100公顷以上的湖泊20多个，面积在1公顷以上的湿地共有430多块，水域面积占到城市规划面积的1/10。在水务局的水系图上，可以清楚地看到目前银川城的水，这些水，基本都与黄河贯通。

塞上湖城之名，复开始担当得起。

开启连湖的密钥

在一个个湖泊被复原、被重生的银川，倘若单湖孤独而存，也许很快又会干枯、水质变差、被芦苇占领，渐渐消失。

七十二连湖，灵魂在于连。若旧时之连，是天意为之，那么今日银川湖水相连，就是人之远见。

一条艾依河的横空出世，为银川重回湖城提供了通道。水系相连，一张城市大水网慢慢编就。

在银川万寿路金水桥附近，秋日午后日光下的阔大水面，呈现出湛蓝的光泽，有一刻几乎不知身在何处。垂柳下，铺着蓝色陶瓷颗粒的步道往悦心桥延伸。千屈菜、樱花、玫红色的贺兰菊点缀水边。一只喜鹊扑棱棱地掠过。俨然一幅铺陈得当的浓彩秋图。而冬季，冰面呈现一种极致的纯粹，与远处家园静默成淡雅水墨画。

看着如此高颜值的艾依河，很难理解它本质上是一条河西总排干。过去那一段一段未成体系的排水沟，终于彻底勾连。每一滴水，都从80公里外的黄河，沿着不同的渠，灌溉过不同的稻子，见过千古悲欢，才兜兜转转，成了这抹水色。

规划中，艾依河南起唐徕渠永家湖退水闸，在大地上贯穿158公里，承接着河西各个干沟、排水沟的水，又将七子连湖、华雁湖、北塔湖、西湖、阅海等连接，水流入下游几十公里的沙湖，最终没入黄河。

清淤，连接。事实上，具体的工程描述会让不熟悉的人看晕。通常是扩挖某湖周边的鱼池，开挖某某小区或建筑之间的空地，利用已建或新建的涵洞连通，从某斗口补水，从某支沟退水。如此反反复复，每个水系都有很多组这样的“排比句”。

彼此连接，要尽量自然。新挖的水道，多曲直相应，和谐自然。

艾依河也有各种闸，控制着水流，干旱时给各个湖泊湿地补水，自己水若不够，就从唐徕渠接引一些。我在银川时遇到了两场幕天长雨，城市里的水被艾依河承接着，一滴都不浪费。

除了艾依河将城北几湖相连，将东南水系的银子湖、章子湖等十多个湖泊串联起来，王家湖、李家湖、罗家湖等西北水系的各湖也一一相连。在黄河附近，冬季的挖土机很繁忙，把一个个水面连通起来，成为黄河国家湿地公园。

这重新唤起的流动，让水复归于水，灵动起来，新鲜起来，干净起来。宽阔无阻的水面亦成为城市呼吸的通道，让城市温润如玉。

因了这些连绵不断的水，旧时七十二连湖的浩荡之象，似乎卷水重来。

崭新的湖城归来，新的考验也如影随形。与艾依河无关的其他湖泊群，水位的控制成了新的课题。譬如水位如果太高，会影响农田正常排水导致盐渍化；水位太浅，芦苇放肆生长，又恐淤成沼泽。

直面层出不穷的新问题，是这些年“治水”人的日常功课。银川水务局水土保持站站长朱天桥每天与艾依河照面，他的皮肤因长期户外作业晒得黝黑。除了水，甚至连岸边植物、组成假山的石头，都是他与同事精挑细选的，这在以前是“不可能的事情”。一切都在摸索、修正、升级。不管怎样，这条“改变了整个城市生态”的河是银川人最骄傲的作品。14年的心力付出，朱天桥以骄傲的语气一再问我：“银川美吧？”

虽然生长于多水的南方，但我很喜欢这种炫耀，他们当水是大自然珍贵的馈赠，是失而复得的幸福。

除了10公里外的黄河，银川城其实没有一条真正意义上的河流。艾依河，虽为人工河，因了这倾城之爱，似乎真真实实长出了灵魂。

离开银川时，在飞机上俯瞰大地，恍惚觉得，此刻河、渠、湖、海都已妥帖安放。这个银色之川，当是长烟一空，皓月千里。

遥远的时间之外，人类与黄河、贺兰山、古渠还将联手画出怎样的新湖城？属于未来的人才知道。

专家观点

唐代千金大陂，银川历史上最大的湖泊

鲁人勇，宁夏文史馆馆员

前年，我开始进行“银川市湿地历史变迁”课题研究，对一些过去未弄清的问题，如历史上最大的湖泊、湖泊的形成、大量消失的原因等问题，有了新的认识。

千金大陂万顷碧波

20多年前，我查阅唐代李吉甫的地理名著《元和郡县图志》，在灵州所属灵武县下，有这样一段记载：“黄河自回乐县界流入。千金陂，在县北四十二里。长五十里，阔十里。汉渠，在县南五十里。从汉渠北流始为千金大陂……”这里的“陂”，是指有圩岸的水域。唐代的灵武县城，在青铜市邵岗镇附近。那么，“县北四十二里”，是指千金大陂的南端，还是中间？由于这个问题未解决，千金大陂的确切位置遂成未解难题。

前年，我重读此书，惊喜地看到关于怀远县又有一段重要记载：“新堡，在县西北四十里，永昌元年置。堡内安置防御军二千五百人，粮五万石。旧名千金堡，今名新堡。”永昌元年即689年，距怀远县城迁到今银川市老城才11年。看到这里，脑中突然一亮：既然“旧名千金堡”，千金陂的北段必然在其东侧，即今银川市阅海公园(旧名西湖)。由此向南五十里，大致是今永宁县西的增岗。从增岗再往南四十多里，就是唐灵武县。由此可做结论：唐朝的千金大陂，位于今唐徕渠以西数里，南起永宁县西，北至银川金凤区阅海公园。它的走向，大体与今天的艾依河景观水道相同，只不过要宽得多。千金大陂长25公里，宽5公里。水面约125平方公里，合今18.75万亩，足可称之为万顷碧波！

黄河改道遗留湖泊

在古代，黄河的径流量比现在大得多，一场洪水，往往导致主流改道。其中最大的改道，发生在西晋至十六国期间。《水经》记载，黄河出青铜峡后，东支与当今的黄河走向大致相同，而主流（时称西河）却折向正北，经唐徕渠之西，在贺兰县暖泉折向东北，与支流汇合。到郦道元写《水经注》时，主流已并入东支，东移约20公里。唐朝的千金大陂，就是故道的遗存。

唐仪凤二年（677），黄河银川段西移，冲毁了怀远县城，200多年后回归故道，也留下一道长湖。现今掌政镇汉渠东部的长湖村长湖一队、二队、三队，就是两次改道留下的见证。明洪武十六年(1383)至宣德三年（1428），黄河三次改道，迫使灵州三易城址。清顺治（1644—1661）初年，黄河洪水危及灵州（今灵武市）城，河水主流顺沟西移，原属宁夏县（今银川市东部）的河中堡，被黄河切割到灵州。堡内的农田，原引汉延渠之水浇灌，这一切割，汉延渠已隔在河西，万般无奈，只好在河东另修一道天生渠。而遗留的黄河故道，又变成一串湖泊。

人为因素导致湖泊锐减

延至今日，银川平原湿地锐减，湖泊十去八九。分析其原因主要有四：一是修建排水沟，把很多大湖的湖水排干，变作农田。二是湖泊水源枯竭。三是各项建设事业填湖。四是黄河水量锐减。

上述原因，深究一下，都属人类活动导致。2000年后，人们对湿地功能的认识加深，这种局面才开始扭转。艾依河的湿地修复工程，一批景观湖的开挖，湿地保护区的建立，都具有划时代的意义，受到人们的广泛称赞。

贺兰山阻挡着西北方向的沙漠与严寒，为富饶的银川平原提供庇护　　摄影_张春荣

贺兰山，文明的疆界

撰文 许君达
摄影 李鹏 等

如果天气晴好，从平原上远望贺兰山，青白相间，仿佛群马奔腾，平芜尽处，千仞壁立，山体不太高峻，却有种雄浑之感。秋冬季节，山腰间常被雾气笼罩，荒凉的山麓地带与草木不生的低山区在雾中隐隐透露着魔幻色彩，有点像世界尽头。贺兰山阻挡着西北方向的沙漠与严寒，为富饶的宁夏平原提供庇护。解读宁夏平原的方式有很多，而贺兰山，则是读懂宁夏平原最后一块重要的拼图。

一座高但不大的山脉

贺兰山兀立在宁夏平原西端，将阿拉善高原与宁夏平原分隔开来，山脉主体呈南北走向，北端略拐向东，在石嘴山附近与黄河握手，把宁夏平原紧紧地护佑在其怀中。山的两侧宛如两个世界，东侧立面高峻险陡、自然带丰富，垂直高度接近2000米，沟谷发育良好、深长源远——这是宁夏平原地块断陷下沉所致；西侧则山势平缓，山坡与阿拉善高原之间地形连贯，几乎浑然一体。

贺兰山山脉长200多公里，大致可分为北、中、南三个部分。其中从马莲口到插旗口的中段是山脉主体，宽度不大但山势高峻，海拔3556米的主峰敖包圪垯就居于这个段落。贺兰山北段山势不算很高，但宽阔而破碎，很难像中段那样轻易找出一条分水岭主脊线。由于复杂的地质作用，这段山脉中盛产煤炭，而且是煤中质量堪称顶级的太西煤。汝箕沟、大武口和石炭井三条沟谷是主要的煤矿所在地。穿行在整个贺兰山最宽、最深、最长的汝箕沟中，最深处随处可见人类活动造成的切割创口，浅处没有煤矿的地方，则裸露着断裂或褶皱的岩层，记录着曾经发生在这座山中的剧烈的地质活动。三关口以南的段落，山脉则逐渐变得平缓，对风沙的阻挡作用也不再明显，最终，低矮的孤峰和残丘都与地面融为一体，没入中卫以北的腾格里沙漠中。

由于垂直自然带分层众多，贺兰山中的野生动植物资源种类十分丰富。然而，无论是从气候还是水土资源的角度看，寒冷而干旱的贺兰山并不是一个很适宜人类居住的地方。

从山里到山外

老范家曾经就住在贺兰山中，后来随着自然保护区的建立，山中居民被陆续迁出，安置在山下的银川平原边缘。现在，老范已经从山里人变成了山外人。

我在银川市区一个高端商业楼盘的工地外结识了老范，他身材敦实、手臂粗壮有力，黝黑的脸庞上雕刻着被烈风蹂躏过的痕迹，看起来像到了花甲之年，但他其实才刚年过五旬。

老范家世世代代在贺兰山东麓的贺兰口村生活，至今已有四五百年。村子不到百户人家，把守着山口。石质荒滩把这里与外界隔绝，靠山吃山、汲泉饮水，除了基本的物资交换，生存不必过度依赖外面的世界。这种隔绝体现在生活中，也体现在人的观念上：村子其实就在山下平地上，交通不便但也称不上险阻，然而无论是老范还是当年的老村长，总是习惯把曾经的家乡称为“山里面”。我从中捕捉到了一种与山外生活相去遥远的心理距离。

“山里面”的生活没有想象中的艰苦和贫穷。那时的生计主要靠牧羊，一家几百只羊还算普遍，一年下来的收入其实比种田要多。贺兰山的中段高但不宽，沿着古代商路走50公里就能翻过山到达内蒙古阿拉善地界。以前山里最热闹的时候，最宽阔平坦的苏峪口古道上还有几家大车店、茶棚饭铺等为往来过客提供服务。在山上放羊不忙时，村人还可以四处走走，捡捡柴火、挖挖草药和蘑菇，下山时一起背回家，又是一小笔额外收入。

从2003年起，将整个山麓地带囊括在内的贺兰山自然保护区开始封山禁牧、限制人类活动。老范曾生活的贺兰口也在其中，后来又被开发成了“贺兰山岩画”景区，村民全部搬迁到几公里以外的国道边上，与相邻的插旗口、苏峪口等村中搬迁户共同合并成了一个大的行政村，生计从放牧改成务农，也有像老范这样进城打工的。过去在山里他们也会选平地挖出小块梯田广种薄收，然而山里山外的耕作方式区别很大，从粗耕到精耕的转变起初适应起来很是艰难，连老村长都在感叹“突然不会种地了”。

老范算是最后一批出山的搬迁户。说起搬迁，他并没有什么豪言壮语：“出来了，就在山外住着呗。不让回去，那就不回去了呗。”平静得仿佛是在谈论别人家的事情。这里的人们或许是与山相处的时间太长，无论是情感表达还是利益诉求都比山外人更迟缓、更深沉。

新居离银川市区不远，老范夫妻和同村的几个乡邻每天拼一辆面包车去银川打工。老范在建筑工地上干活，一天下来体力消耗不小，但他坚持晚餐只吃一碗米饭：“快150斤了，要控制体重。”在“山下”生活久了，他的生活观念也在受着城市居民潜移默化的影响。

作为分界线的贺兰山

西出银川，西干渠外一片荒芜。贺兰山下的这片冲积地带海拔高于灌渠，无法接受黄河水的滋养和改造，倒是保留了这个地方原本的模样：低矮而干硬的牧草稀稀疏疏地平铺在荒原上，大小不一的圆形石块均匀散布，铺展成滩——在漫长历史中，流水与山洪从贺兰山中把它们搬运出来，遗弃在这块平野上。从卫星地图上俯视这里，铁灰色的石滩呈一个个扇面形状，夹在绿色的农地与贺兰山之间，十分明显，土黄色的泄水沟像扇骨一样，从几个大山口处发散开来，穿过冲积扇，面向东，逐渐没入银川平原上的块状田园之中。原始的蛮荒与规则的工程之间有一条明显的分割线，标志着大规模人类活动的外围界限。

事实上，贺兰山是中国地理上非常重要的几个分界线之一。从降水情况看，贺兰山是季风区与非季风区的分界线，来自太平洋的暖湿气流随着夏季的东南风为中国东部地区带来全年绝大多数的降水，当它越过遥远的陆地到达贺兰山东麓时，已成强弩之末，再也无力继续西行。难得雨露滋养的贺兰山西部地区年降水量低于200毫米——这是很多植物和农作物的生存极限，因而与200毫米等降水量线基本重合的贺兰山也成了荒漠区与半荒漠区的分界线。

自古以来，降水量决定了人类的生存方式。贺兰山东西两侧，一边是荒凉的牧业区，另一边是丰饶的灌溉农业区。农牧分界线是贺兰山最重要的人文地理属性。严格来说，贺兰山东边的自然降水量其实也不能满足种植业所需，但黄河的流经改变了这里的自然和人文地理局势。

贺兰山同时也是内流区与外流区的分界线：山的西侧面向干旱而封闭的亚洲内陆，一切河流皆生于陆地竭于陆地，在自然地理上是典型的内流区；贺兰山东侧，则是一片不太典型的外流区——宁夏平原东边的鄂尔多斯高原西缘，自然环境与贺兰山西面相似，但黄河著名的“几”字弯切穿了这片本可以连为一体的蛮荒内陆，把鄂尔多斯西部隔成一个内流区的孤岛。有了黄河，便有了灌溉之源，中国的西北内陆才有了河套平原中宁夏平原（西套）与内蒙古前后套平原（东套）两块绿色的“飞地”。

贺兰山地形示意图

南北绵延200多公里的贺兰山兀立在宁夏平原西端，大致可分为北、中、南三个部分，其中从马莲口到插旗口的中段是山脉主体，宽度不大但山势高峻，海拔3556米的主峰敖包圪垯就居于这个段落

面向贺兰山西行，公路两侧的树木从有到无，灌木从密变疏。没有了视线遮挡，西夏王陵远远地闯进视野，孤独地矗立在背倚贺兰山的荒野上。这条路经过三关口，通向内蒙古的阿拉善左旗。贺兰山在三关口附近已经变得低缓，公路并未盘山而上，只是沿着缓坡、随着沟谷的走向拐了几个弯，就又闯进另一片坦荡无垠的世界。

与银川平原的鱼米之乡比起来，贺兰山另一侧的阿拉善高原可谓洪荒而辽远。沿山几十里范围内，靠山中流泉滋养的植株稀疏的草场是骆驼的乐土，公路两旁，三三两两的阿拉善双峰驼正漫步、进食。若再向西行，距离贺兰山百里开外，将进入真正寸草不生的茫茫大漠。

阿拉善盟首府阿拉善左旗距离银川约100公里，不足两小时车程。这个县级城市的物价水平比银川高出不少，除了近些年矿业对经济的拉升作用外，更重要的是这里的土地自然生长力不足，绝大多数物资都要从银川平原运输过来。银川作为区域性中心城市，对阿拉善左旗的经济辐射力明显高于宁夏最南部的固原等地，所以如果单从经济地理的角度看，阿拉善左旗，甚至整个阿拉善盟，都更适合与银川划归在同一个省（区）——20世纪前半段，阿拉善地区确实也曾被划入当时的宁夏省。然而，中国的省区划分并不倾向以简单的现代经济地理模式决定，历史传承和民族文化都是非常重要的考虑因素。长久以来，贺兰山是农牧两种生产方式的一个稳定边界，如今两个自治区依旧以之为界，也算是尊重历史传统之举了。

然而，农牧分界线其实并不是贺兰山的先天属性。

贺兰山东侧立面高峻险陡、自然带丰富，垂直高度接近2000米，沟谷发育良好、深长源远——这是宁夏平原地块断陷下沉所致。秋冬季节，山腰上常被雾气笼罩，荒凉的山麓地带与草木不生的低山区在雾中隐隐透露着魔幻色彩，仿佛世界尽头
摄影_徐胜凯

从混沌到分野的农牧分界线

农耕和游牧的分野没有想象中的久远。从新石器时代及以前的文化遗址中可以看出，人类早期的生产活动主要有渔猎、采集、原始耕种等，根据各自生存地域的不同地理环境，各有侧重，但当时的生产力水平无法只靠一种生产方式维持生存，所以各种方式兼存并蓄。随着一些部落种植技术的进步，农耕文化开始出现并成熟，继而促使社会向封建制度转变。在古代中国，夏商时代大约正对应着这一进程。草原游牧经济的出现更晚。《中国的亚洲内陆边疆》的作者欧文·拉铁摩尔认为，中国边缘的草原游牧民族来自一些被中原农业文明所排斥的族群，他们迁移到亚洲内陆的草原和半荒漠地区，这里不适宜耕种，却适合在当时动物驯养技术的基础上发展成与农耕截然不同的游牧经济。这个过程大约发生在商代末期到春秋时代，到了战国后期，匈奴和东胡这两个发展壮大了的游牧民族已经开始与当时的秦、赵、燕三国产生冲突。

宁夏平原与中原之间隔着宽广的黄土高原和黄土高原外围的半荒漠地带。黄河中下游地区最初发生的农耕变革影响不到这里，相反，这个水草丰美的绿洲比荒漠深处更适合游牧业的壮大。直到秦朝实现大一统后，贺兰山下的这片水草丰沛之地才第一次有了农业开发的尝试。但秦朝的寿命实在太短，根本无法组织起大规模的水利工程。秦末国内动荡时，守边的精锐部队全部内调，匈奴便乘虚而入，饮马黄河。

宁夏平原位于亚洲内陆草原荒漠带内，恰巧有贺兰山的庇护和黄河的滋养，才具备了发展成农业区的条件。在这干旱少雨的自然环境中，精耕农业的开发离不开大规模水利灌溉工程。开发工程需要大量的人口和物资供应，因此只有在一个强大的中央集权的统治下，通过强力的官方意志才有可能实现。

所以，宁夏平原真正的大开发，到汉武帝时代才有了可能。卫青击败匈奴使其北走，汉族重新占据了这个宜农之地，若能迅速将其开发成边地粮仓，就能就近供养驻扎在西北前线的大量汉军，以对抗匈奴。据记载，当时共向宁夏平原移民几十万人口，调运粮食物资无计，并沿当时的黄河边新设两县以管理民政。如果说秦朝的短暂开发还只是一次接触，那么汉武帝时代的这次建设和垦殖，则是农牧两种文明在宁夏平原的第一次真正碰撞。

这次大开发集中完成了卫宁平原和青铜峡出口以下的一部分平原上的水利工程建设，现在依旧在使用的秦渠、汉延渠等都是以当时的渠道为基础重新改造的。但与此同时，宁夏平原上的官营牧业也占有很大的比重。

黄河在宁夏平原上的走向曾有过一次较大的变迁。宁夏文史馆馆员、历史地理学家鲁人勇告诉我，两汉时期宁夏平原黄河干流比现代黄河更靠西，位置大致居于今唐徕渠和包兰铁路之间，同时还有一条支流，基本与当今的黄河走向相似。干流和支流之间曾包夹着一个“灵洲”，西汉时置灵洲县（后改名灵州县）。虽然没有直接的景色描写，但完全可以想象：这四面环水的土地势必水草丰饶，但地势低洼易涝、土壤含水量过大，适宜牧马而不宜开垦。所以汉朝在这里设置了河奇、号非两个牧马苑，以饲养战马。

强汉时代宁夏平原的官营牧业并不能说明

几千甚至万年前，银川的远古人类聚集在贺兰山谷，留下了展现游牧、狩猎等生活场景的众多岩画，留下了历史久远的痕迹　　摄影_陆宇堃

在历史上农牧文明的拉锯中，贺兰山正好成了一道屏障，贺兰山之“内”，沃野千里、寸土必争，贺兰山之“外”，蛮荒万里、无可利用　　摄影_七月木木

农业帝国对游牧业的包容和接纳，事实恰恰相反，在这里放牧战马只是为了更好地护卫这块农耕“飞地”，抵挡游牧文明对新秩序的反击。然而农耕文明在宁夏平原的初次经营并未坚持很久。东汉时代发生在西北的羌人起义，调动起邻近游牧民族的反抗浪潮，立足未稳的汉人势力不得不撤走、内迁。随着众多游牧民族的南下，宁夏平原重新变成了牧马人的家园。

时间跨过纷乱的十六国时期，北魏太平真君五年（444），刁雍调任宁夏平原上的薄骨律镇（今吴忠市北）为镇将。他到任后，发现镇中几乎没有粮食储备，可见已经许久没有进行过农业生产。水利工程也已废弛。随后，他主持重修渠道，恢复耕种，三年后，粮仓满溢。

此后，北魏与柔然人开战，刁雍奉命调运薄骨律镇的50万担粮食至北方的沃野镇（今内蒙古境内）。路途遥远，陆上运输效率低、耗费惊人，刁雍便上书要求开发利用黄河的水运。随后，他组织人手利用贺兰山里丰富的木材，一个冬天即造船200艘。原计划用5000辆牛车，需耗费三年运送的50万担粮，通过水运只用9个月即告完成。自此，黄河水运就成了联络宁夏平原与外界的一条重要交通路线，直到20世纪中叶包兰铁路建成后才逐渐衰落。

刁雍之后，北周打败南朝陈国大将吴明彻，将其部3万余名来自江南地区的官兵及其家属迁往黄河东岸的灵州境内进行屯垦，宁夏平原的农业化趋势愈发加强，再不容逆转。《太平寰宇记》曾对此有过专门记载：“江左之人，崇礼好学，习俗相化，因谓之塞北江南。”

在宁夏平原的农业开发史上，刁雍是一个不可不提的人物。在他治下，农耕世界的生产生活方式、社会组织、管理形式等元素重新进驻，再未缺席，松散的游牧社会

贺兰山的中段高但不宽，沿着古代商路走50公里就能翻过山到达内蒙古阿拉善地界。以前山里最热闹的时候，最宽阔平坦的苏峪口古道上还有几家大车店、茶棚饭铺等为往来过客提供服务　　摄影_陆宇堃

则逐渐被排斥在贺兰山之外。经过几个世纪的拉锯和反复，贺兰山终于成了一条比较稳定的农牧分界线。

有失均衡的边疆

这里所说的“边疆”，并不是一条带有政治意味的固定抽象线，而是不同生产方式错落、争夺与融合的一个区域。不同的生产方式产生于不同的自然环境中，每种生产方式发展到一定程度后，都会形成自身的文明圈，典型如中华农耕文明和草原游牧文明、大陆边缘地带的热带农业王国，或以日本为代表的岛屿文化区，也都分处各自较为单一的地理单元中，自成一体。文明圈会以统一政体的形式从各自文化的核心地域向外扩张，扩张区域越大，其边缘部位的离心力就会越大。如果扩张范围超出了适应自身文化特质的地理环境太远，适合其核心地带的单一治理模式和社会规范就会在新征服的地域内变得低效，当治理效率递减至零，便是理论意义上的扩张极限。

在实际的历史进程中，每个文明圈在扩张过程中，总会遇到相邻文明圈的反方向扩张——这便是中国历史上中原政权与北方游牧民族不断冲突的根源。在整个欧亚大陆东部，华夏农耕文明圈与草原游牧文明圈的征服和同化能力最强，在形成统一帝国时，对外扩张的欲望也更加强烈。而这两大文明圈之间，中心距离不太遥远，又缺少难以逾越的天然阻隔，因此在它们中间势必存在着一个冲突异常激烈的边疆地带。这个地带大致位于森林与草原带的过渡区域，并因气候变化和两方势力消长而不甚固定。长城是这一边疆最极致的体现，如果在一张地图上把中国历代所筑的长城汇总标示出来，不同走向之间圈占出的范围就是这道边疆地带的所在。

在这道边疆地带上，历代长城走向最统一、改线最少的地方，当属几块有河流滋养的绿洲。包括宁夏平原在内的西北灌溉农业区，是欧亚大陆上典型但又特殊的“边疆”。从自然条件上看，这个地带既是水草丰美的牧场，经过改造后又能成为宜农的田园；从地理位置上看，它距离各自的文明中心皆很遥远。因此，这个过渡地带本身成了农牧两股势力觊觎和争夺的焦点。一般来说，对峙双方都不愿且无力继续向更远的地方扩张。

试想一下：让农耕民族在寸草不生又缺乏水源的荒漠上垦殖，无异于缘木求鱼，就算强行建立机构施行统治，也必然需要付出高昂的代价去调运物资供养官僚系统和驻军，统治收益不足以负担占领成本，对占领者来说得不偿失。而对早期游牧政权来说，进入宜农地带太深，军事上不一定吃亏，但如果大量居民改事农耕，势必会冲击传统的游牧形式，继而影响政权稳定。

他们只有两个选择：或者坚持盘踞草原荒漠带避免染指农耕区，这些民族或政权由于缺乏史料的记载，很多便慢慢湮没在历史中；或者，在“入关”后积极融入汉民族，对根深蒂固的农耕文明抱有一份包容和接纳。这是一件很难的事情，向前一步，全盘汉化，丢掉本民族的传统与特点；裹足不前，注定会在占领区内全盘崩溃。中国历史上几个比较成功的游牧民族政权都在这件事上进行过各种试错，但似乎始终也没能找到完美周全之策。

当中原王朝稳扎稳打地扩张到了宁夏平原这个边疆地带的肥美绿洲时，贺兰山帮了一个大忙。贺兰山恰好出现在有利于中原农业帝国扩张方向的位置上。站在中原王朝的视角，贺兰山之“内”，沃野千里、寸土必争，贺兰山之“外”，蛮荒万里、无可利用。所以这座高大的山脉正好成了一道屏障，既阻挡“外”面的自然和文化力量侵入，同时也阻挡了中原王朝的子民迁徙到那些“不该去”的地方——户籍管制是农业国家基本的社会组织原则，对人身自由的放任是一种危险行为，尤其是在离心倾向更强的边疆地区。

在农牧两股力量原本势均力敌的拉锯中，贺兰山就这么夹在其中拉了一道偏手。我们有时会过分强调贺兰山的屏障作用。诚然，它的高大挡住了来自西北的风和沙，但往来穿梭的骑兵和流民显然不可能被完全阻绝。对汉人来说，与其说贺兰山是一道军事防御的屏障，倒不如把它看作一个农耕民族心理上的安全线——线内，是温柔乡；线外，是禁忌地。

如果没有贺兰山，华夏文明在西北地区将缺少一个重要的立足点。如果强势的游牧文明没有被贺兰山绊住脚，将很可能把农牧分界线扩张到关中平原附近，直接威胁到中原农耕区的心脏部位。那样的话，历史或将重写。

不过，贺兰山的地理意义很难脱离周边环境独立进行解读，毕竟它只是一道长仅200余公里的山脉，并非一方巨岭。我不赞同单独把贺兰山定义为“农耕中国的西北堡垒”，因为如果没有黄河浇灌出的宁夏平原，贺兰山或许会像它近邻的雅布赖山那样，只是荒漠中一条毫不突出的山岭。贺兰山、黄河、宁夏平原三位一体，紧密结合，才构成了真正的堡垒：山作墙，墙下的万顷田园养育着保卫家园的人。那些世代耕作在贺兰山下的人，才是农耕文明能够坚守在此的力量所在。

贺兰山东麓的磨石沟长城。历代长城走向最统一、改线最少的地方，当属包括银川平原在内的西北灌溉农业区

摄影_袁蓉荪

道

回到恐龙时代
回到恐龙时代

灵武恐龙地质公园。展厅被照亮的一瞬间，玻璃墙内无数巨大的恐龙化石或深或浅地裸露着，在灯光下泛出神秘的色泽，让人感觉仿佛在和远古的侏罗纪时代对视　　摄影_袁蓉荪

灵武恐龙，亿万年前丛林深处的呼吸

撰文 曹燕
摄影 马炜

到达灵武恐龙地质公园的路依然不好走，从国家级化工能源基地宁东往东，煤电厂浓烟滚滚，黄沙在道路两边铺陈，时间的风在沙层上吹出褶皱。废弃的矿坑越来越多，矿井地下水蔓延到地上形成一条清浅的河道，植被稀疏，苍凉一片。道路起伏，开阔处突然有个下转，这是前往灵武恐龙化石遗址的方向，想象着我们正穿梭在一片一亿年前的森林或海洋中，那时候这里必定是水草丰美之地。

穿越一亿年的对视

马斌柱还记得2012年刚来恐龙地质公园工作时的情形：9万平方米的恐龙遗址保护范围，放眼望去，除了漫天沙土，最多的就是匍匐在地上的芨芨草。

灵武恐龙地质公园就在这一片荒凉之中，铁门紧锁，由一条温顺的大狗把守。一切看起来有一种原始粗野的风貌，围墙和简单的雕塑都是模仿恐龙的造型，发掘现场的山梁上，恐龙展厅1号厅和2号厅还处于“施工重地，请勿靠近”的状态，外表看起来就是两个板房，远处废弃的黑色矿洞仿佛在苍茫大地上张开了眼睛。

马斌柱打开电闸，展厅被照亮的一瞬间，玻璃墙内无数巨大的恐龙化石或深或浅地裸露着，在灯光下泛出神秘的色泽，如同大片沉睡中的原始丛林被唤醒。隔着玻璃，我仿佛和远古的侏罗纪时代对视。1号坑、2号坑、3号坑，一共发掘出487块化石，每块恐龙化石都有自己的身份证编号，上面挂着一个闪闪发亮的红色小铭牌。

2号展厅内，恐龙化石丛林上方覆盖了一个玻璃台，穿上鞋套，游客可以走在上面观察完整的恐龙头骨、脊椎、肋骨、股骨……每一步都走得小心翼翼，这种感觉很奇妙，似乎可以听到一亿多年前丛林深处的吐纳呼吸。

如果从侧面观察，会发现这些化石和岩层深深融合在一起，“要说也很奇怪，周围挖下去都是沙土，偏偏这一块地方，沙土覆盖下就是岩石”。当年恐龙化石发掘时，挖到地下六七米，就碰到了坚硬的岩层，发掘难度增大，更要求精细、温柔。亿万年过去了，从地质构造来说，在茫茫沙土中这一片神奇的飞地正是恐龙化石得以保全下来的保障。

回忆起灵武恐龙的发现和挖掘经过，马斌柱总觉得有种冥冥之中的机缘巧合。比如发现恐龙化石的矿工马云，是个喜欢舞文弄墨的知识青年，据说当年在矿上也是“写得一笔好字，画龙像龙，画凤像凤”。再比如，就在发现灵武恐龙化石的南磁湾山梁的西侧，数年前曾经建了一座砖场，砖场就在山坡上取土。而让砖场老板百思不得其解的是，这些五颜六色的土怎么也烧不成砖。幸亏砖场因土质问题而停产，如果当初砖场再向前取土，这里的化石或许就被破坏殆尽了。

“北半球第一龙”

灵武恐龙遗址所在的地方，位于灵武市宁东镇磁窑堡煤矿东南两公里处，曾经是一大片家属区，居住着200多户矿工家属。在这个当地人称为“南磁湾”的村子东侧，有一座高不过10米的山梁，山梁远处是一望无际的黄沙，这里靠近毛乌素沙地的边缘，隐约能看到明长城的夯土烽燧。

13年前的春天，矿工马云在南磁湾东侧的山梁上无意中发现了一处被雨水冲刷出来的“石头”，表面光滑，呈红褐色，他觉得从形状判断，倒像是动物骨骼，这让他想起了关于清末时期甲骨文被发现的传奇。马云跟女朋友说他发现了龙骨，结果被讥笑一番。直到11月，不甘心的马云还是给灵武市文物管理所打了电话。

谜团开始被撕开了一道口子：在一个南北长50米、东西宽5米的缓坡上，一块40厘米宽、长近2米的动物股骨化石裸露在土层中。报上级文物部门批准后，灵武市文管所对南磁湾化石进行了抢救性清理发掘，相关专家推断极有可能是恐龙化石。

2005年，中科院古脊椎动物研究所工程师来到南磁湾，与灵武市文管所发掘人员一起拉开了恐龙化石正式的考古发掘。发掘出的大量化石表明，这里埋藏着一个巨大的恐龙群体遗骸。

在离挖掘现场不足30米的山坡上，发掘人员无意中发现地表层也有化石裸露，将其定为2号发掘坑，也就是现在的2号展厅。恐龙化石挖掘前后进行了多年，2006年8月26日到达大众瞩目的顶点，中央电视台以“回到恐龙时代”为题直播灵武恐龙化石的挖掘过程，这是中国第一次通过国家电视台直播挖掘恐龙化石的过程。一具蜥脚类恐龙头骨化石附带22颗排列整齐的牙齿被完整挖掘出土。

其中有一只恐龙的椎体关联程度较好，颈椎、腰椎、荐椎和尾椎共达7米多长，肋骨和肩胛骨就达1.7米长。如果将这只恐龙进行复原，有十六七米长，近10米高。如今展厅里有一只完整的“恐龙”，但只是模型。挖掘现场的专家为恐龙化石脊椎的精美而惊讶，一致认为是“最美的脊椎”，其精美程度是世界性的。这具恐龙化石被证实为一个北半球首次发现的恐龙新物种化石——梁龙类恐龙的分支叉背龙化石，属国宝级恐龙化石。梁龙在赤道以北首次发现，堪称“北半球第一龙”，是蜥脚类恐龙的一大分支。

因为是在亚洲首次发现原来只分布在非洲和南美洲的大型蜥脚类恐龙化石，学术界将它们命名为“灵武龙”。灵武恐龙距今约1.6亿年，体形巨大，脑袋却纤细小巧，它们经常成群活动，走路非常慢。灵武恐龙化石的发掘，为亚洲恐龙化石研究提供了全新的素材，也为1亿多年前的宁夏历史提供了一幅神奇而真实的画卷——这里曾经水草丰美，温暖湿润，有成群结队的恐龙在丛林中啃食树枝嫩草。

赴一场恐龙之约

整日与荒凉大地上的恐龙化石相伴，马斌柱总觉得自己生活在一片神奇的土地上。

马斌柱曾经在院子里挖了一个池子，池子底下铺上塑料膜，再把附近宁东煤矿流出的地下水引到池子里。他想看看在池子里沉淀后的水能不能用来浇树。大半年后，因为环境整治要求，池子被拆除，拆到最后，他发现小水洼里有一群小鱼。“你说多神奇，什么都没放进去过啊。”马斌柱形容这里是——“千年的草籽，万年的鱼种”。

从办公室向外望去视线太单调了，马斌柱就在办公室里种满了绿植，铁线蕨、绿萝、文竹、吊兰，长得葱葱郁郁，吊兰沿着颀长的脉络攀上了墙头，分叉出嫩绿的枝蔓，和屋子外的天地苍茫萧瑟形成强烈的反差。马斌柱觉得还是应了那句话，这一片土地蕴藏的是“千年的草籽，万年的鱼种”。

也许一切并不神奇。就在离灵武恐龙地质公园不远，是5A级景区水洞沟。自从1923年发现水洞沟遗址以来，进行过5次大型的考古发掘，水洞沟已经成为全世界旧石器时代科学研究的殿堂。

在马斌柱看来，“我们这里可都是真东西啊，后山还有宝贝，但先保护好这些已经发掘出来的恐龙化石最重要”。他说的“宝贝”，是指在恐龙化石地质公园后面的山梁下，也许还潜伏着亿万年前的生命痕迹。而目前，保护才是更重要的事情。

尽管中科院著名的恐龙研究专家徐星在2005年考察南磁湾恐龙化石1号、2号坑后，就认为灵武恐龙化石是国内保存最完好的恐龙化石之一，但在马斌柱心中，如何更好地保护恐龙化石，仍是头等重要的大事。这几年的工作中，马斌柱学会了如何保护化石，那些化石都极其脆弱，出土后极易风化，每一个步骤都要小心翼翼。

出于保护恐龙化石遗址现场的考虑，磁窑堡煤矿家属区全部搬迁，只剩下一间平房，偶尔有考古人员来，会住在这里。2014年，宁夏灵武恐龙国家地质公园管理局成立，国家投资了1450万元，用于灵武恐龙地质公园的保护和建设。

现在从灵武恐龙地质公园大门到展厅的道路被称为恐龙大道，目前还是土路；宽阔的基座向上陡升，聚焦成一个尖顶，这是恐龙雕塑的形象；“灵武恐龙化石遗址”的石碑前放了一对旧车轮，那是来自西北的风物标识。除此之外，几乎没有任何装饰性的内容。灵武恐龙地质公园，怎么让大家来了之后觉得有看头，马斌柱觉得，“在公园环境的提升上还要下大功夫”。他希望家长带着孩子来学习恐龙知识，寓教于乐外，还能在这里玩上半天，“那才有个公园的样子”。马斌柱期待着，到那个时候，会有更多人翻过沙丘，来到这里，赴一个亿万年前的恐龙之约。

在灵武南磁湾发掘出的恐龙化石，是北半球首次发现的恐龙新物种化石——梁龙类恐龙的分支叉背龙化石。因为是在亚洲首次发现原来只分布在非洲和南美洲的大型蜥脚类恐龙化石，学术界将它们命名为“灵武龙”，距今约1.6亿年

灵武恐龙化石的发掘，为亚洲恐龙化石研究提供了全新的素材，也为1亿多年前的银川历史提供了一幅神奇而真实的画卷——水草丰美、温暖湿润，有成群结队的恐龙在丛林中啃食树枝嫩草

水洞沟，重返石器时代

撰文 聂作平
摄影 刘泉龙 等

银川市东郊，一座多边形的建筑如同纺锤状的“外星飞船”，一声不吭地趴在蓝天白云下。这是造型奇特的水洞沟遗址博物馆，它模仿的是一种几万年前司空见惯的工具，叫“石叶”。石叶是用木槌或骨角锤击打石核后剥下的长条状石片。两三万年前，在遥远得难以想象的年代，石叶曾经是水洞沟居民生存的必需品。制造和使用石叶，以及其他五花八门的石制工具，是水洞沟人一生中必修的功课。

那个遥远的年代被称作石器时代。漫长的石器时代分为旧石器时代和新石器时代。旧石器时代以打制为特征，从300万年前开始，到距今1万年前结束。新石器时代以磨制为特征，从大约1万年前开始，到距今5000至2000年前结束。

水洞沟那些制造石叶的先民，生活于距今4.14万年到2万年之间，也就是说，他们在那里生活了2万余年，差不多1000代人。他们所处的时代，属于旧石器晚期。

如今，水洞沟更像是一块拒绝生命与温柔的不毛之地：灰褐色的砾石举目可见，高大的土丘纵横交错，干枯的河床浮土飞扬，浅浅的草和低矮的树弱不禁风。如此荒凉而干旱，水洞沟先民为什么会选择在这里生活？他们是谁？从何处来，又向何处去了？

发现水洞沟

对中国西北边疆的科学探险与考察，源自西方传教士和科学家。大名鼎鼎的斯坦因、伯希和、普热瓦尔斯基等人，面对辽阔而神秘的中国西北，像打开了藏宝洞的阿里巴巴，无不欢呼雀跃，满载而归。与斯坦因等人相比，比利时传教士肯特的名字鲜为人知。不过，已被黄土深埋了两万年的水洞沟先民的生活遗迹，却是首先由肯特在不经意间发现的。

那是1919年，肯特途经水洞沟。非常偶然地，他在断崖上发现了一根犀牛头骨化石和一块石片。这石片不是普通石片，而是经过人工打制的工具。

此后，肯特把他在水洞沟的发现告诉了他的朋友、法国古生物学家桑志华。1923年夏天，桑志华和另一位学者德日进一

宁夏文物考古研究所工作人员在整理水洞沟遗址时出土的石制品

起——他们都是当时世界上最优秀的学者，对古生物学、人类学和地质学非常精通——专程来到偏远的水洞沟。

桑志华等人于傍晚时分到达水洞沟，住在沟口的张三小店里。夏天的太阳落山很晚。晚饭后，桑志华和德日进在店外散步，随着太阳缓缓沉入地平线，微凉的夜色慢慢笼罩了苍茫原野。这时，他们突然发现，沟对面的断崖上，几点白色的东西在闪烁。这种迹象表明，那里很可能有动物骨头。

接下来，是长达四五十天的发掘。这也是对水洞沟遗址进行的第一次考古活动：桑志华和德日进在5个发掘点出土了大量打制石器，这些石器包括刮削器、尖状器、砍斫器等。他们在研究这些石器的过程中，既惊讶又激动地发现：石器的风格和制作技术，与另一处石器时代遗址的发现非常相似，那就是最早于法国发现的旧石器时代中期的代表性文化——莫斯特文化。

水洞沟出土的石器，其中相当一部分以硅质灰岩、石灰岩和燧石为原料，以锤击法和修理台面技术为主，且软锤与间接打击法并用，制作出细长且两侧大致平行的石叶，再将石叶加工成端刮器、边刮器、凹缺器和尖状器。这种方法制作的石器，不仅与法国莫斯特遗址出土的石器非常相似，并且，水洞沟以东和以南地区，再也没有出现过大规模的同类型人类文化遗址，仅在中原地区零星发掘出距今2万年左右或稍晚的类似石器。换句话说，水洞沟遗址就像莫斯特文化分流到东方的最后一个据点。

为此，桑志华和德日进顺理成章地提出了一个假说：水洞沟遗址的主人，很可能来自欧洲。

莫斯特文化的创造者是尼安德特人。在人类进化史上，尼安德特人是重要的一环。现代人是智人的后裔，而在智人历史上，曾有过与尼安德特人交换基因的经历。所以，尼安德特人某种程度上算是现代人的“近亲”。大约从12万年前开始，尼安德特人广泛分布于欧洲大部和亚洲西部、非洲北部。但大约在距今3万年到2.5万年前，尼安德特人消失了。

没人知道尼安德特人人间蒸发的确切原因和过程。在蒙昧的丛林时代，一个部族、一个人种在进化的链条上突然“离场”，也是正常而可能的事。不过，考古学家推测，尼安德特人退出历史舞台时，他们中的一些小规模部落迁徙到了远方，并继续生存下来。比如，其中一部分很可能从欧洲向东而行，用了几代人甚至几十代人的时间，完成了从欧洲老家到西伯利亚的移民。

苍山如海，河流似带，在只能依靠双脚的石器时代，人类没有国界，他们总是组成一支支或大或小的队伍，在大地上自由迁徙。决定远古人类迁徙的原因很多，但最重要的不外乎狩猎条件和气候条件，这和他们的生存息息相关，足以决定他们是迁徙还是留在原地。

德日进和桑志华推测，尼安德特人的一支，由于某种不为人知的原因来到了西伯利亚。在那里，他们繁衍生存了若干代。之后，随着气候的变化，他们决定南迁。这一次，一个更小的分支来到了水洞沟。

尽管德日进和桑志华猜测水洞沟文化是由

西而来，但在后续的发掘工作中发现，水洞沟某些地点不同层次地存在有我国北方小石器传统的石制品，又与同期或稍晚的华北细石器文化存在某种关联，从而也有学者提出了“本土起源说”。

因此，有待考古的进一步发现，才能更接近水洞沟文化的复杂真相。

温暖湿润，远古居民的家园

位于银川市以东的水洞沟一带，地处鄂尔多斯台地、毛乌素沙漠和黄土高原的交会地带，属于雨量稀少的半干旱区，铅云低垂，风沙弥漫，放眼望去，南方常见的绿色在这里相当稀少。那些千里迢迢寻找家园的古代人，为什么要选择这个不适合人居住的地方，并在这里生活了长达万年之久？

其实，水洞沟并非自古就如此干旱荒凉，它也曾有过自己的花样年华。大约在距今4.5万到2万年之间，地球上出现了一个间冰期。间冰期里，气温回升，雨量相对充沛，当时的中国比如今相对更温暖更湿润，亚热带的界线从今天的秦岭—淮河一线北移上千公里，一直延伸到了华北和西北。

在水洞沟遗址的历次考古中，除了出土大量打制石器外，还先后出土了野驴、野马、鸵鸟和犀牛的骨头。犀牛和鸵鸟都是主要生活在热带、亚热带的动物，如今两者的野生种群在中国境内都已灭绝。石器时代，它们分布区的北界却达到了中国北方。

犀牛和鸵鸟需要温暖的阳光，犀牛离不开水，鸵鸟喜欢林地边缘的草原。通过水洞沟出土的大量犀牛和鸵鸟的骨头，我们或许可以推测4万到2万年前这一地区的景象：在第四纪冰期的间冰期，水洞沟雨量丰盈，大地滋润，稀疏的乔木和郁郁葱葱的灌木向着天空的方向拔节生长，毗邻的盆地风吹草低，像镜子一样明亮的湖泊点缀其间，各种亚热带甚至热带动物在这里生息。那支从寒冷的西伯利亚远行到此的先民队伍，在这里感受到了南方的温暖与富饶。于是，他们决定在水洞沟停下来，把这里当作新家园。

狩猎采集，神秘来去

在水洞沟先民消失多年以后，当我们来到水洞沟，一个常常涌上心头的疑问是：这些远古先民，他们过着怎样的生活呢？

事实上，“茹毛饮血”虽然还是旧石器时期人类的正常生活，但他们已经结束了居无定所的流亡。

以水洞沟先民来说，他们已经熟练地掌握了打制石器技术。遍布各处的石头是他们用来制造生产和生活用具的原材料。这些石器都有明确的分工，有的用于打猎，如尖状器和箭镞；有的用来切割兽肉，如刮削器和石刀；有的用来砍树，如砍砸器。

到水洞沟人时期，原始人类使用天然火已经有了漫长的历史，因此，水洞沟人的居住地，一定有温暖的火堆长年不灭地燃烧着。它既是用来抵御寒冬和猛兽的利器，更是用来烧烤食物的必需之物。另外，种种迹象表明，早在十几万年前，史前人类已经开始穿衣服了，大多是用兽皮或树叶围在腰间，水洞沟人也不例外。

水洞沟遗址出土的石器。这些石器有明确分工，有的是打猎用，如尖状器和箭镞；有的是切割兽肉用，如刮削器和石刀；有的是砍树用，如砍砸器
供图_董宏征

水洞沟居民还没掌握农耕和畜牧技术，只能依靠狩猎与采集维持生活。每天清晨，在部落首领的带领下，男人们成群结队走进湖边的草丛和小树林，用木棒、石斧和石核等简陋的工具打猎，女人们除了留下必要的人手照看儿童，其余的都得辛勤地采集各种野果、野菜和其他可食的植物根茎。

在水洞沟，考古学家发掘出鸵鸟蛋皮制作的装饰品。水洞沟人用石器把鸵鸟蛋皮切割、钻孔后再磨成指甲大小的圆形穿在一起。这说明，尽管生存艰难，但水洞沟人已经有了对美的追求。

在水洞沟生活了2万年之后，这个部落神秘地消失了。据推测，水洞沟人离开水洞沟的原因，很可能是由于气候变得恶劣：温暖的间冰期过去了，严寒让这片欣欣向荣的动植物乐园变成了满目疮痍的荒漠。水洞沟人要么没能熬过食物短缺、天气暴寒的苦日子而消亡；要么，他们只能含泪远去，向更温暖更宜居的地方跋涉。优胜劣汰、适者生存的自然法则永远如此严酷。

今天的考古发掘表明，在水洞沟漫长的石器时代，曾有几支不同技术特征的人类部落在此生活过。4.14万年前到2万年前是一支，1.3万年前到1.1万年前又是一支，甚至，到了距今更近的新石器时代，也有人类在这里繁衍生息。

与旧石器期时代的水洞沟居民相比，现代人无异于生活在天堂。单就寿命而言，现代人的一生相当于水洞沟人两三辈子：有人推算，旧石期时代人类的平均寿命大约只有20多岁，他们中多达40%的人都在15岁之前死去，30岁就是令人艳羡的高寿了。

为了活下去，这些不知名的先民必须日出而作，日落而息，把一生中的大多数精力都花在填饱肚皮上。不过，回报他们这种辛劳的，是鸿蒙初开的新鲜世界，是大地上随意往还的任性自由，是人和大自然亲密无间的零距离接触。

考古研究人员和相关工作人员在水洞沟遗址2号发掘地点进行挖掘、研究工作

远古的神秘印记

撰文　夏亮亮　贺兰山岩画管理处
制图　刘永平　林浩

1969年，时为下乡干部的李祥石在贺兰县下辖的贺兰口发现大量岩画。经过长期野外考查与研究，李祥石于1983年9月完成《宁夏贺兰山贺兰口岩画调查报告》，并向当时文化部文物局主办的刊物《文物》投稿，由此揭开了贺兰山岩画世界的神秘面纱。

据贺兰山岩画管理处统计，这些被早期游牧民族先民凿刻在贺兰山诸山谷及山前洪积扇平原上的岩画，单体图像累计已超过35000幅，组合画面在10000幅以上。岩画的整个制作过程和时间跨度长达数千年，相关岩画专家研究认为，贺兰山岩画的创作时段在距今10000至3000年。

贺兰山岩画的内容包罗万象，涉及放牧、祭祀、狩猎、舞蹈、征战等多种场景，真实记录了当时贺兰山地区的自然生态环境及社会生活状况，对于研究很长一段时间内贺兰山地区游牧民族的生存状态、风俗习惯、历史传承等具有重大参考价值。

贺兰山贺兰口的人面像群岩画（局部）。该岩画被称为“圣像壁”，画面中重叠分布有30余幅人面像，大小不一、形态各异。画面左下方的符号是贺兰口岩画中刻痕最深的一幅，深约1.5厘米。而实验表明，在这种硬度的长石杂砂岩上，用坚硬的砾石不停研磨1小时，深度仅为1毫米，可以想见该岩画耗费的时间与精力之甚　　摄影_董宏征

人面像岩画在所有岩画类型中是一个重要且特殊的题材。原始先民将心目中的神灵鬼怪、图腾动物及各种崇拜对象附以人面的形象制作出来，是早期人类崇拜文化的产物。尽管岩画作为一种文化现象，在世界70个国家150个地区都有分布，但人面像岩画仅出现于环太平洋地区的11个国家，其中尤以中国的人面像岩画数量最多，分布最广。在中国发现的岩画中，贺兰山贺兰口的708幅人面像岩画以内容丰富、种类繁多、风格各异而闻名于世。可以说贺兰口是世界上人面像岩画分布最多的一个岩画点。

下图为贺兰山贺兰口的人面像、斧头、符号与植物组合岩画（线描图）。该岩画由17个人面像、5个斧头岩画、4个符号岩画及1个植物岩画组成。人面像岩画中有6个属于造型特殊的“四片瓦”人面像，即面部被四道或单或双的线条分成四部分。斧头岩画在贺兰口岩画中仅有两处分布，有的岩画学者认为是男根崇拜的典型代表，有的则认为是权力的象征。该岩画中的符号岩画同样抽象难解，而植物岩画在贺兰山岩画中更是极为少见

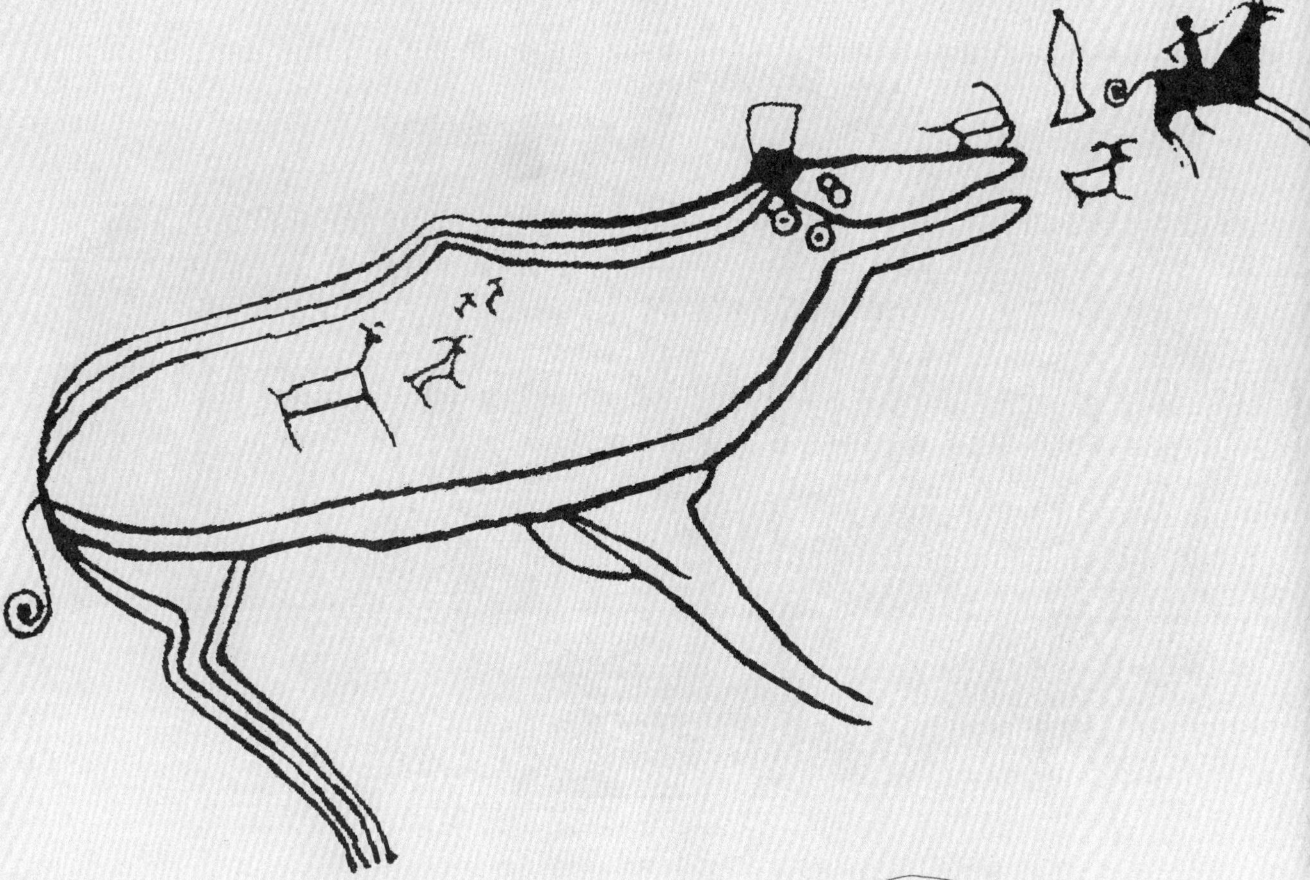

上图为贺兰山苏峪口的巨牛岩画（线描图）。贺兰山岩画中以牛为题材的岩画数量较多，这幅岩画位于苏峪口以南的小回回沟，是贺兰山以牛为表现主题的岩画中体量最大的一幅。画面中的牛有着硕大的身躯、强健的四肢，巨牛的腹部、前面还有动物岩画与人骑牛图

下图为贺兰山苏峪口外的金钱豹岩画（线描图）。这是贺兰山目前发现的三幅金钱豹岩画之一。在苏峪口外的洪积扇平原上，它被凿刻在单体岩石上，部分画面漫漶不清，但身躯部分圆圈加点的造型较为明显，这些圈点被认为是区别金钱豹岩画与老虎岩画的重要特点

上图为贺兰山大西峰沟的老虎岩画（拓片）。贺兰山岩画中有很多“虎”的造型，虎岩画大多刻制在单独的巨石之上。画面中的虎形体较大，线条流畅、宽粗，刻痕极深，以螺旋纹表现老虎前后肢发达的肌肉，带有一定弧度的条纹表现虎的躯干。最奇特的是这只老虎的背上还有一只小老虎，刻画简单，线条宽粗，也因此被称作“父子虎”岩画

下图为贺兰山大西峰沟的马岩画（拓片）。马是岩画中较为常见的动物之一，在贺兰山诸多岩画分布区都有不同造型的以马为题材的岩画。下图中的马，身躯硕大，头部丰满，尾巴下垂，四肢或前或后，正在迈步前行，将马匹走动的情景进行了生动的展示

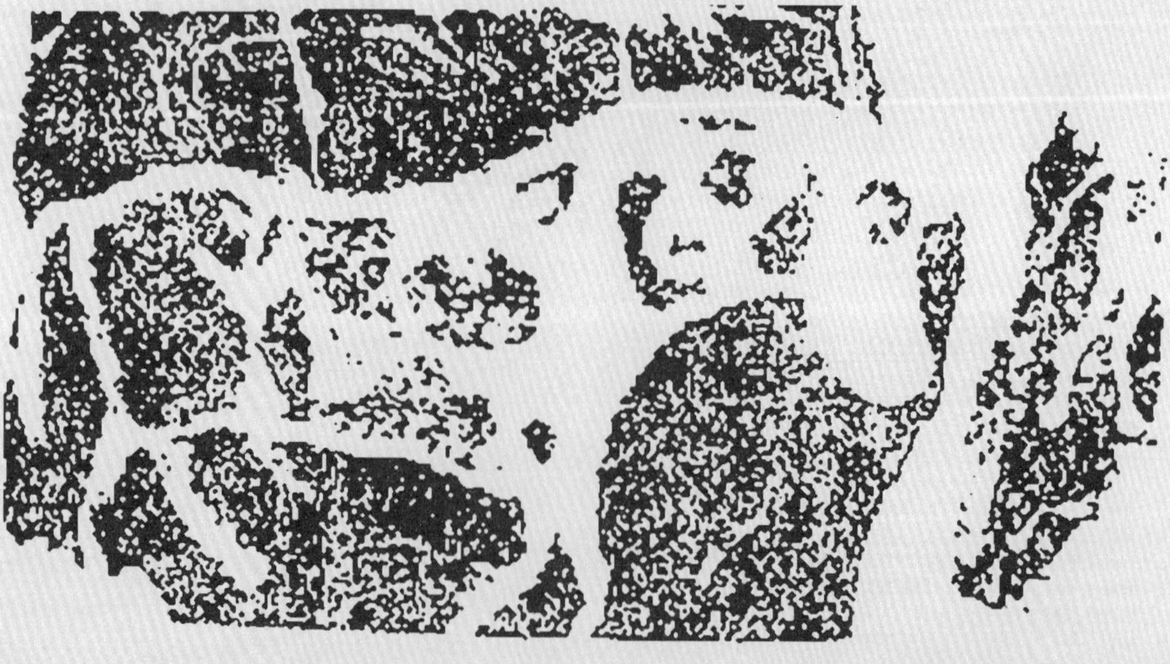

手印岩画是岩画中的一个古老题材，学术界对手印的图像内涵解读颇多。有学者认为，手印代表“自我”，如同古时的签字画押以证明身份；有些手印图像与动物一同出现，被认为是“占有”之意；某些以纤细为特征的手则被认为代表着母系氏族时代的“母权”之手。

上图为贺兰山贺兰口动物与手印岩画（线描图）。

画面最上方的形象是一头清晰可辨的雄鹿，鹿角硕大，下方的6只动物，似雌鹿又似马。画面中动物膘肥体壮，腹部滚圆，说明岩画制作时的生存环境良好，也体现出古人渴望牲畜增殖的美好愿望。画面中央出现的手印是整幅岩画的关键所在。这幅手印岩画掌面宽厚，手指短小，稚拙之中透出一种力量，与贺兰口其他手印有着明显的区别。有学者认为手印表达了远古先民祈求牲畜生殖繁盛、部族壮大之意，也体现了对畜群的占有之意

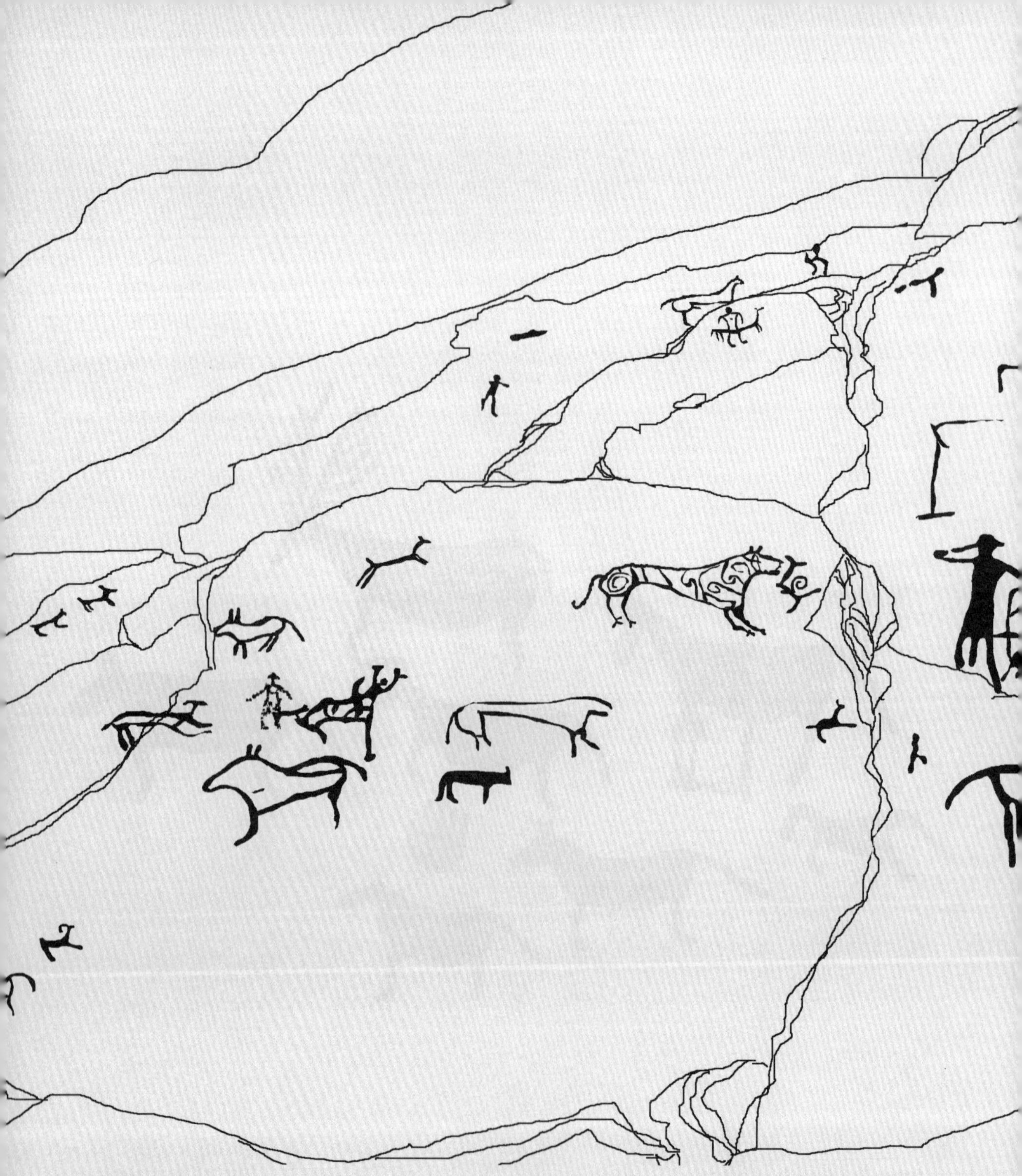

狩猎岩画在贺兰山岩画中较为多见，有单人猎、双人猎及多人围猎等等，有的画面较小、内容简单，有的则气势磅礴、内容丰富。在这一类岩画中，猎人一般手执弓箭瞄准前方的鹿、羊、牛等动物，蓄势待发，而猎物则惊慌失措、仓皇逃跑。

图为贺兰山白头沟的狩猎岩画（线描图）。这幅狩猎岩画是贺兰山岩画中极为少见的画幅巨大的岩画。整幅岩画构图复杂，占据画面主体的两个猎人头部均有发辫，且生殖器明显，正手执弓箭瞄准前方的动物群；画面左侧有一较小的人体，最上方有一人骑在动物身上。画面中的动物数量众多，其中马匹的形态丰满，且三匹马的生殖器明显，最右侧的马腹部有圆弧状刻痕，似马镫的造型；另有腿部带螺旋纹的老虎造型，体型较小的狼、羊造型。此外，该岩画中还有许多抽象的符号，如右上方的方形符号、右侧猎人与动物之间圆环中的交叉线条、老虎屁股上的圆环等。这些符号岩画的内涵还需进一步挖掘

左侧上图为贺兰山高伏沟人体、动物与同心圆岩画（线描图）。整幅岩画由一个同心圆、三个人体及一个动物组成。同心圆位于岩画的中上部，由三个不规则的圆环组成。三个人体头部、四肢清晰可辨，均保持一手平举、一手弯曲向上的姿势，身体部分有线条交叉组成的十字或菱形方块装饰。右下与一人体相对的似乎是一简单刻画的人体，通过脚下横线相连。在人体下方，还有一磨刻的动物，刻痕极浅，其内涵还需进一步挖掘

左侧下图为贺兰山贺兰口大小巫岩画（线描图）。贺兰口的这组大小巫从形体构成来看，是以“蛙”的形象出现的。蛙因为有着特殊的身体结构和成长经历，既能入水上岸，又有多种体形变化，所以历来被看作是承担了特殊使命的动物。人们希望通过对蛙的祭拜，把美好愿望带给神灵并最终实现，这样蛙便具有了巫师的特性。大巫脚踝处拴系的铃铛作为法器营造了舞蹈的神秘气氛，加强了巫术活动的效果。在新石器时代仰韶文化遗址出土的彩陶中也发现了类似的图案，为这组岩画的断代提供了依据

以征战为题材的岩画在贺兰山岩画中较为少见，右上岩画（线描图）位于苏峪口以南大韭菜口距地面20米左右的悬崖上，以凿刻方法制作。画面中的人物双腿微弯，身体前倾，或张弓搭箭，或挥手呐喊，上方还有一单线条动物，将古人征战的场面展现得淋漓尽致

右下岩画（线描图）位于大西峰沟，由两个张弓搭箭的战士与两个动物及一副弓箭组成。中部较大的人体头部有发辫，腿部有横线装饰，生殖器明显；右侧的人体则制作得较为简单，仅以单线条表示人体的形态与弓箭。该岩画为磨刻制作，刻痕较浅

贺兰山贺兰口的太阳神岩画。太阳神岩画距地面20米高，是贺兰口目前所发现岩画中地理位置最高的一幅。炯炯有神的重环双眼，短线刻画的睫毛，光芒四射的线条，半圆形的面部轮廓，鼻子及嘴部匪夷所思的描绘，带给人们无穷遐想。这幅岩画无论在艺术造型还是文化内涵上都堪称是经典之作。关于其文化含义，学术界有人认为是典型的自然崇拜，是对太阳赋予万物生命的感恩并对其加以神化的一种反映；也有人认为是部落图腾或氏族首领崇拜的体现；还有人根据人面像岩画研究的成果认为这幅太阳神岩画实际是对生命的赞美、对生殖的渴求　　摄影_袁蓉荪

烽烟散尽，守望凝固的时光

撰文 李慧婷
摄影 董宏征 等

名副其实的“长城博物馆”

宁夏地理位置自古险要，它处在农业向畜牧业的过渡地带，是北方游牧文明和中原农耕文明冲突碰撞的交汇处。历史上，中原王朝势力尚不能及时，宁夏一度属于边陲要塞，素有“关中屏障，河陇咽喉”之称。自战国时期开始，秦、汉、隋、明等数个朝代都曾在宁夏这片土地上征战，寸土夺回，便夯筑长城以卫，宁夏因而有“长城博物馆”的称号。

宁夏的长城带，随着中原王朝势力范围整体不断往外扩张，大致由南往北推移。长城真正修建至银川平原并最终将其囊括在内，实际上经历了相当长的一段历史时期。

宁夏长城最早建立可追溯到战国时期。秦人为保护农耕文明，曾在宁夏南部固原夯筑长城。此时宁夏北部的银川平原，仍为北方游牧民族驰骋的草原。等到秦始皇统一六国，蒙恬率30万大军出兵西北，一举收复匈奴河南地，秦北部边界扩展到了今河套—阴山地区。为使“众戎不复南度”，秦始皇在固原秦长城及战国其他各国原有长城的基础上，修筑了西起临洮（今甘肃岷县）、东至辽东的万里长城。

到汉武帝时期，大量农业人口的引入、引黄灌溉技术的掌握，银川平原开始得到有效开发。这块被上天厚爱的福泽之地是真正的宝藏，无论南方的农耕民族还是北方的游牧民族，都想把其夺入囊中。而长城，则是农耕民族捍卫这块沃土最忠诚的战士。为了保护银川平原这块珍贵的绿洲，“不教胡马度阴山”，统治者下令在阴山以北修筑长城。到隋朝，银川平原面临西北突厥、契丹人的侵扰，隋文帝选择了以长城为主体的国防建设，修筑起西起宁夏灵武黄河东岸、往东经陕西横山到达绥德、长达700多公里的长城。这条长城，比历朝历代修筑的长城都要更靠西北，隋朝的北界成功往西北方向扩展，挪到了银川平原以内。

在其后的宋、金、西夏等朝代，宁夏土地上的政权不断更迭，长城也随之南北进退。到了明代，这个在长城发展史上留下浓墨重彩的王朝，在宁夏境内修建的长城占到长城总长度的1/10。分布在宁夏西、北、东三面的长城几乎把银川平原包

2016年夏天，我随威廉·林赛一家重走长城。作为独自徒步考察长城全线的外国人，威廉·林赛从1987年开始他与长城的第一次『亲密接触』，而今，他守护长城已经整整30年。此次重走长城的42天里，我跟随威廉一家看遍了从山海关到嘉峪关的长城：似一条巨龙把头伸入大海的山海关老龙头；横亘在山巅之上的金山岭；用花岗岩石堆砌、以敌楼多且精美而著称的涞源长城；与教堂『握手言和』的八台子；依黄河而建的老牛湾长城……我以为自己看过的长城已经足够多、足够精彩了，但当我走近并触摸银川平原上的长城血脉时，突然明白：长城是走不完的，它永远带给你惊喜。

围，有些长城段至今都是宁夏与外省区的边界。

纵横逶迤的银川长城，其所代表的意义早已远远超出建筑本身。它拥有最深厚、博大的意蕴与灵魂，任谁接近都会被深深吸引。毛泽东当年万里长征经过宁夏，曾发出“不到长城非好汉”的感叹。时光倒退100多年，1907—1908年，一位叫威廉·埃德加·盖洛的美国人来到中国探索长城，他在自己的著作《中国长城》中描述游走在宁夏长城时的感受：

“这是中国昔日的一个令人惊叹的丰碑，它就像一个巨大的食指，指向了不久的将来，那时中国将变得更加伟大……”

同样是外国人，威廉·林赛来银川接触到长城却是另一番感受。当时害怕警察追捕的威廉，夜里偷偷从借宿的村民家溜出去，被巨大的孤独感包围，但夯土长城给了他一股踏实感。“我没有那么害怕了，这种感觉给我留下了深刻的印象，一直忘不掉。”威廉回忆说。

北岔口长城怀想烽烟往事

再次来到银川，威廉带我们直奔位于青铜峡段的明长城——北岔口。北岔口长城位于贺兰山南端的大山口，自古以来就是重要的军事要塞。这段长城是迄今宁夏境内明代长城保存最完整的一段，被誉为“宁夏的八达岭”。2007年，威廉·林赛就带着妻儿来过这里。

找到这段长城比想象中艰难，不少通往这里的路都被封锁，我们驱车近一天才最终抵达。目睹过太多已坍塌毁坏的长城，当北岔口这段整体墙身超过10米的夯土长城矗立在眼前时，我被深深震撼。纵横交错的墙体、垛墙、女墙、过水涵洞，几百年过去，夯土长城的原始风貌依旧得到了最大限度的展现。

我迫不及待地爬到长城上，望着不远处赫赫有名的贺兰山，一股豪情充溢全身。“九月西风塞草残，胡沙黯黯点征鞍。一声羌笛吹关柳，万卒雕戈拥贺兰。”张居正这首著名的《塞下曲》，一直记在心间。无奈从小生活在江南水乡，无法想象诗中所描绘的“胡沙黯黯”的场景，但眼

自战国时起，秦、汉、隋、明等多个朝代都在宁夏大地上夯建长城。图中这段夯土长城建于明朝，它蜿蜒匍匐在贺兰山东麓数百年，既是国界南退北扩的记录者，也是北方游牧民族和中原农耕民族对抗与交融的历史见证
摄影_陈淮

曾阻挡过千军万马的北岔口长城，历经狂风暴雨的冲刷，依旧较大程度保存了夯土长城的原始风貌。高大厚重的墙体，陡峭垂直的壁面，历经数百年依旧给人以强烈的视觉冲击　　摄影_杰米·林赛

图中显示的长城位于盐池县花马池镇，从远处看去，长城墙体与周遭的风沙土地几乎融为一体，若不是高耸挺立的烽火台突破平坦的地势宣示自己的存在，长城几乎踪迹难辨

前所览之景让小时候苦苦搜索而不得的遗憾得到了美妙的弥补。

明朝修筑长城的历史，与前代有相似之处，又有自己独特的一面。元朝政府被推翻后，一部分蒙古人与汉人融合，另一部分则选择往北退到蒙古草原，回到过去的游牧生活。整个明朝，来自蒙古各部的威胁一直存在。一到秋天，中原农区粮谷满仓的收获季，需要大量过冬物品的草原民族就伺机侵扰边境，杀掠人畜，对北方农业生产造成极大破坏。当时明代长城防线上，也因此产生过“防秋”这样一个特殊的词汇。

为了阻挡北方蒙古族骑兵南下，明朝修筑了东起鸭绿江、西至嘉峪关绵延万里的长城，分布在宁夏境内的就有：位于贺兰山东麓，坐拥宁夏镇西北一线防御的重要关口“城防四险”的西长城；东起石嘴山市，止于贺兰山东麓扁沟山脚下，又被称为“红果子长城”的旧北长城；西起平罗县高庄乡，止于贺兰山枣儿沟临山墩的北长城；东长城始于盐池县花马池镇，西止兴庆区北黄河岸边，在灵武市清水营以东分内、外两道，历史上称“头道边”和“二道边”；还有东长城从贡河渡口沿黄河东岸向北延伸出来的陶乐长堤，以及从陕甘宁三省交界处进入宁夏境内，向西依次穿越盐池县、环县、同心县、海原县，进入甘肃靖远县的固原内边。

明代还先后在北方长城沿线设九镇，其中两镇——固原镇、宁夏镇，就在今宁夏境内。它们与榆林镇一起，形成相互联结、保卫关中的三个军事重镇。有学者曾评价明代的宁夏镇“犄角榆林，屏蔽固原”，宁夏镇的重要性不言而喻。宁夏镇总兵驻地在今天银川平原的中心——银川市，所管辖的长城段西起今甘肃靖远，东至今宁夏盐池境内，北岔口长城就是其管辖中的一段。

太阳落山，天色暗淡下来。远处一排排风车随着风缓缓转动，现代的贺兰山风力发电厂与古老的长城峰燧交融成景。此时此刻，哪怕是阻挡过千军万马的长城，也有了一种烽烟散尽后的平和与淡泊。我特别珍惜这一刻。

晚上我们就地扎营。四周平旷，繁星满天。我躺在矮草地上，北岔口长城就屹立于我的右侧，另一侧是我的小帐篷。风猎猎吹过，我的感官变得格外敏锐，当年“半夜火来知有敌，一时齐保贺兰山”那万马嘶鸣、杀声震天的悲怆场景似又重现，远去的鼓角铮鸣在耳畔响起，嘶鸣的战马又在长城内外奔腾起来……这种感觉太奇妙了。

曾经的“守卫者”亟待保护

万籁俱寂的黑夜中突然亮起了十几盏摇晃着的紫光灯，显得格外诡异。威廉·林赛的两个儿子，杰米和汤米自告奋勇去一探究竟。打听回来，原来是当地小孩子们开着紫外线灯在逮蝎子，逮到的蝎子能卖出不错的价钱。据他们说，不少农民也以此为生，为了能逮到更多蝎子，他们甚至不惜把长城石块掀下峭壁。我们听了既失望又心疼，哪怕是银川平原上公认被保存得最好的北岔口长城，也面临着一点点被破坏和蚕食的命运。

第二天天亮，北岔口长城终于完整地呈现在一片晨曦当中，我们得以更清晰地观察它。但这次，抛开对长城壮观的喟叹，更

一轮明月映照着盐池的长城与烽火台，它静静地看着长城从防御外敌的军事工程悄悄地变成了巍峨的人文景观　　摄影_董宏征

宁夏回族自治区历代长城分布图

多的却是担忧。

威廉的大儿子杰米回忆说，2007年，13岁的他来到北岔口，还能看到不少完整的垛子，但这次他发现不少垛子都“缩水”了，不仔细观察压根找不着。再往前推，2001年威廉和朋友们来北岔口时，这里是一望无际的荒漠，没有一辆车，只有绵延不断的长城与他们做伴。但到了今天，北岔口长城却在不知不觉中多了一个大决口，究其原因，应该是由于这段长城位于贺兰山麓，一下雨就容易在决口处积水，夯土长城抵挡不住多次冲刷，最后只能被无奈冲塌；后来北岔口附近开发采石场，为了让拉石料的车方便通行，人们“顺势而为”，直接在冲塌口处开了个大口子，活生生把长城拦腰截断。每隔约十分钟，我们就能看到一辆轰隆作响的大货车从大决口驶过，车辆对地面造成的震动会加速对长城的破坏。货车扬起漫天尘土，如同往长城被撕开的伤疤上撒盐，触目惊心。

实际上这段长城已经是幸运儿了，更多段长城由于接近居民区而遭受着更大的破坏。中卫段过去曾是长城防御的一个咽喉地段，却由于富含鹅卵石成为私挖者的目标，仅两个晚上他们就挖毁了一段长达60米的长城；一场突如其来的洪水又把长城决口冲出一个大坑，天灾人祸把中卫长城摧残得不堪入目。盐池境内长城的情况也没有好多少，由于多年的风雨侵蚀和人为毁坏，除了上文提到的“头道边”明长城还保存得相对完整以外，其他大多已化作断壁残垣。但凡穿越村庄的长城，破坏程度都很严重，有的甚至可以用惨不忍睹来形容。不少村民没有保护长城的意识，经常在长城上“开口”，随意扒拆城墙砖石，为自家建羊圈、厕所；有的还直接在长城上掏窑洞。那一道道坍塌的黄土梁，你根本想象不到那曾经是抵挡过千军万马的雄伟长城。

近年来，对长城的维护也在不断完善，不少长城旁建起了齐腰高的铁丝栅栏，以减少牲畜踩踏和人为破坏。但一圈走下来，我们发现有不少铁丝网已经被毁坏，最终能起到的效果并不明显。何况这种做法也仅是杯水车薪，远远不够。

过去，我们为银川平原上大量的夯土长城感到骄傲，它们最大限度做到了因地制宜，出色的造工质量使它一直抵挡着敌人的进攻，但千百年过去，长城出现了不少壁面片状剥离和粉状脱落的现象。受自然与人为的双重破坏，长城以我们预料不到的速度在快速老去。

游走在银川平原的长城上，仿佛是在阅读一部沉默的史书。它无声地讲述着游牧民族和农耕民族的对抗与交融，倾诉着数代帝国的兴衰变迁，见证着昔日金戈铁马的战场化为锦绣河山。哪怕时光剥蚀了它的体肤，它那大气若虹的民族精神却从不曾散去。

千百年来，长城如屏障般守护着银川平原。今天的它，也需要更多人来守护。

图中的青铜峡北岔口长城是迄今为止宁夏境内明长城保存得最完整的一段。它们最大限度做到了因地制宜，也曾成功阻挡了敌军的进攻。而如今，烽烟散尽，长城在快速老去，徒留残垣断壁和苍凉裸露的贺兰山共同见证着过去的峥嵘岁月（右图）

通往西夏的帝国之路

撰文 唐荣尧

1038年，党项人李元昊在兴庆府（今宁夏银川）建立大白高国，到1227年被蒙古骑兵所灭，西夏王朝共持续189年。这个与当时宋、辽、金等政权相抗衡的王朝，没能在二十四史中占据一席之位。而今，我们从散落在史籍中的零星信息及考古发现了解到这个王朝的辉煌与兴盛，但对其建国前的历史却知之甚少。

党项羌从青藏高原开始发迹，隋唐时期，在与周边各力量的角逐中开始向黄土高原迁徙。晚唐时拓跋部首领盘踞鄂尔多斯高原南部，开始『帝王』的尝试。其后经过李继迁、其子李德明的征战和发展，拓跋势力成功迁至银川平原一带，正式开始了在西北建立伟业的征程。

从青藏高原出发

《旧唐书》载："党项羌，在古析支之地，汉西羌之别种也。"可知这支被视作汉代西羌后裔的少数民族，从"析支"之地，即今青海省东南部一带起源。而党项羌出现的最早记录是北周时期，《隋书》卷四十八记载：公元566年，任北周翼州刺史的杨文思曾因"党项羌叛"，率领军队前往茂州（今四川茂县、汶川一带）讨伐。从这个记录可以看出，党项羌在北周时期已经活跃在青藏高原东北部、四川西部高原一带，并成为北周政权的一个边境之患。这也是汉文文献最早记述党项羌和中原王朝产生关联。

据《隋书》记载，隋之前的党项羌"南北数千里，处山谷间。每姓氏为部落，大者五千余骑，小者千余骑"，过着不事农业、不知稼穑的原始游牧生活。隋朝的建立，结束了中国大地上几百年的纷乱局面，一些党项羌部落开始内附隋朝。此时的党项羌已发展成细封氏、费听氏、往利氏、颇超氏、野利氏、房当氏、米擒氏、拓跋氏等八大部落，其中拓跋氏最为强大。585年，拓跋部首领拓跋宁丛带领自己统领的党项部落在旭州（今甘肃临潭一带）归附隋朝，被隋朝政权封为大将军。这是党项人被内地汉族政权第一次厚封，而拓跋氏，作为一个关系党项羌命运的显赫姓氏从此登上了历史舞台。

唐代初年，党项羌的势力不断发展壮大，并开始侵扰中原。从《旧唐书》《新唐书》《资治通鉴》等史料中，我整理出一个党项羌或单独或联合当时称雄于青藏高原东北部一带的游牧部族吐谷浑侵扰唐朝的清单：自618年唐朝建立后的9年时间里，双方先后发生过10次颇具规模的战争，大唐帝国和散居于青藏高原边缘的党项羌处于或战或和的胶着状态中。

626年，唐太宗李世民即位后，对少数民族武装力量采取军事征剿和招抚同时进行的"胡萝卜加大棒"政策，归附的少数民族政权享有一定程度的自治，不少政权先后附唐。

贞观三年（629），细封部党项羌请求内附，《旧唐书》记载："南会州都督郑元璹遣使招谕，其酋长细封步赖举部内附，太宗降玺书慰抚之。"归附的党项羌酋长细封步赖到长安城后，唐太宗宴请时给予其很高的待遇并赏赐丰厚的物品，封他们生活的地区为轨州，令细封步赖担任轨州刺史。青藏高原边缘的其他党项部落也闻风而动，纷纷请求内附。李世民在和唐帝国毗邻的党项羌之地，设置了崌、奉、岩、远四州，分别封赐这些党项羌首领为刺史。

631年，唐朝军队彻底消灭了北方的突厥势力，内附唐朝的少数民族政权不断增多，又有大批党项羌降附于唐。据《旧唐书》记载，到632年时"党项羌先后内属者三十万口"。唐朝在党项羌生活的核心地区——甘肃南部、青海东南部和四川西北部设置了16个州，安置内附的党项羌。

然而，在这种归附大潮中，却有一支不愿归顺唐朝的党项羌，其领袖叫拓跋赤辞。

当年带领2000多吐谷浑人逃出隋朝军队包围圈的吐谷浑首领伏允，带着强烈的复国梦想，一直拒绝向唐朝内附，长期和党项羌联军进攻隋、唐边境。为了巩固联盟，伏允还将自己的女儿嫁给拓跋赤辞，合力抵抗唐军。

634年，吐谷浑率众袭击唐朝境内的廓州（治所在今青海省化隆西）、兰州等地，战事拉开。唐朝派老将李靖攻击吐谷浑部，拓跋赤辞助吐谷浑以抗唐军。廓州刺史久且洛生派人对拓跋赤辞说明当时的军事形势及厉害关系，拓跋赤辞对前来招降的使者说：“我身受吐谷浑给予的亲戚之恩，应该肝胆相照，腹心相寄，生死不二，怎么能顾及其他？你快速离开，别让你的血玷污了我的战刀。”久且洛生得知他不肯投降的消息后，便带领骑兵袭击，在肃远山一带击败拓跋赤辞的军队，击毙数百人，掳掠6000多头牲畜。

唐太宗又命岷州都督李道彦前去招抚。《旧唐书》载，“赤辞从子思头密送诚款，其党拓跋细豆又以所部来降”，赤辞知道部下已有归附之心。其后接替李道彦岷州都督之位的刘师立再次派人来游说时，拓跋赤辞率部下向唐朝归降。

唐朝政府对拓跋赤辞带领的党项羌归附给予重视和礼遇，不仅封赤辞为西戎州都督，还以皇室之姓“李”赐拓跋赤辞，这是党项羌发展史上拓跋氏第一次被朝廷赐姓。归附的党项羌在属于自己的领地内，接受唐朝的册封但又有高度自治权。

夹缝中的迁徙之路

随着吐蕃在青藏高原上的逐渐强大，受唐朝册封的党项羌被迫扮演着吐蕃和唐朝之间的中间地带角色。吐蕃侵扰唐朝，常常先打党项。

638年，吐蕃王朝的首领松赞干布向唐王朝请婚失败，派遣军队攻打松州，唐朝设在阔、诺两个羁縻州的党项羌刺史在吐蕃强大的攻势下，投降吐蕃。641年，文成公主入藏嫁给松赞干布，吐蕃和唐朝结成了姻亲关系，党项羌生活的大片地带得到了短期的和平。

贞观之治盛况过去后，吐蕃势力继续向北扩张，党项羌控制的地区一度遭受吐蕃侵扰，《旧唐书》记载，“拓跋氏渐为所逼，遂请内徙，始移其部落于庆州，置静边等州以处之”。党项羌其他部落也自发地向北迁徙，散居于庆（今甘肃庆阳）、灵（今宁夏吴忠）、银（今陕西米脂）、夏（今陕西靖边）等州。

黄土高原，开始接受这些远道而来的陌生人。

公元8世纪中叶，安史之乱爆发，吐蕃势力乘机夺取了河西、陇右等大片领地，唐朝被迫撤除沿边军队并令其入卫京师。此时唐朝国力薄弱，吐蕃联合部分党项羌、吐谷浑等少数民族力量共同攻击唐军。这一时期党项羌对唐朝时叛时归。为了避免党项羌与吐蕃形成更大威胁，唐王朝采用郭子仪的建议，将党项羌各部迁往银州以北、夏州以东地区。

这一要求引发了党项羌的再次大迁徙。陇右北部诸州的内徙党项羌向东进入关内道的庆、夏、盐（今陕西定边）、灵等州，再次在今陕西北部、宁夏东部形成迁居高潮。其中，拓跋部首领拓跋立伽带领跟随自己的党项羌迁至银州以北地区。

经过两次大迁徙，党项羌基本完成了从青藏高原到黄土高原、鄂尔多斯高原南部的族群大迁徙。与此同时，两次内迁大潮也使得党项羌按分布地域形成了两大部落集团：居住在六盘山以东庆州一带的党项羌被称为“东山部落”；居住在银州、夏州一带的党项羌被称为“平夏部落”。

拓跋氏，成为平夏部落中的显赫大姓，静边州一带成为党项羌拓跋部兴起的重要基地，静边州都督的权力接力棒也开始在这支党项羌的最高首领间传递。

扎根鄂尔多斯高原南部

721年，党项羌首领、时任静边州都督的拓跋思泰参加唐朝军队围剿“六胡州”康待宾之战，死于前线，被唐玄宗追封为“特进兼左金吾卫大将军”，并让他的儿子拓跋守寂承袭静边州都督一职。

当拓跋守寂出任静边州都督时，历史赐予了党项羌一个巨大的转机：安史之乱爆发后，唐玄宗选择南下四川避难；太子李亨选择了一条和父亲逃亡成都平原不同的路线——北上。756年7月9日，宁夏平原上的灵州迎来了太子李亨，3天后，灵州城南城门楼上，李亨在众人的簇拥下即位，把这里的行政级别从灵州郡升为灵州大都督府。

距离灵州只有300多公里的静边州都督拓跋守寂看到了契机，他立刻举兵勤王，使党项羌成为第一支赶至灵州保卫唐肃宗的少数民族武装力量。他带领党项羌参与到平叛安史之乱的战斗中，因其所立的战功，被升为容州刺史，领天柱军使，后来被封“灵州都督”。党项拓跋部一直效力于唐王朝，在这一带积蓄力量。

《新唐书》记载，咸通（860—874）末年，拓跋部首领拓跋思恭“窃据宥州（今内蒙古鄂托克前旗境内），自称刺史”。至此，拓跋家族已经占据了今陕西米脂、靖边、榆林地区，形成陕北一带最大的少数部族政权，开始在内蒙古和陕北交界地带培育地方军事势力。

晚唐的另一件历史大事，再次给拓跋部创造了一个绝妙的契机。

881年，黄巢起义军攻入长安，唐朝面临亡国之危，时任宥州刺史的拓跋思恭率领两万铁骑加入镇压起义军的队伍。这次作战，拓跋部不仅获得了和内地军人作战的军事经验，也得到了大量的军事装备和俘虏，更重要的是，他们得到了唐朝政府的首肯和此后合理发展军事与行政力量的“许可证”。镇压黄巢起义后，拓跋思恭被唐僖宗任命为夏州节度使（核心地在今陕西省靖边县北部的白城子），统领陕北大片土地；不久又晋封为太子太傅、夏国公，并再次赐皇姓“李”，拓跋部俨然成为盘踞鄂尔多斯高原南部的割据势力。

拓跋思恭在自己统治的辖区内任命官吏、征收租税，以“虽未称国而王其土”的方式，在夏州开始了“帝王”的尝试。夏州成了党项贵族在接近汉族文化过程中最早的帝国前期实验场，它像一个巨大的试管，实验、培育着一个新帝国最初的细胞。

907年，唐帝国灭亡，中国历史进入五代十国的乱局。内地的纷乱中，各种政治、军事力量相互角逐、争夺，拓跋部依附于各王朝间生存，并逐渐壮大。这棵大树，在悄然间开始枝繁叶茂。

捍卫夏州政权

960年，赵匡胤统一南方，建立北宋。此时盘踞夏州的党项羌虽然名义上向宋称臣，但实际掌控着夏州的政权，成为北宋的一大隐忧。

981年8月，夏州发生内讧，夏州节度使李继捧的叔父密告宋太宗，称李继捧不称职，请求朝廷派使节到夏州。李继捧即拓跋继捧，唐代赐皇姓“李”后，史料中提及拓跋贵族时，多以李姓记述。宋太宗立即下令召李继捧携带家属、族人到汴梁城（今开封）朝觐。这一表面让李氏家族进京享福、本质是为钳制党项羌的举措，很快在党项羌内部激起了风暴。但已经身不由己的李继捧只能遵循诏命，携家眷奔赴汴梁，“献银、夏、绥、宥、静五州地”。

宋朝为防止夏州政权再生变乱，随后命令李氏家族五服以内的族人赴汴梁，李继捧的族弟李继迁也在征召之列。

年轻的李继迁强烈反对离开故土，召集弟弟李继冲、亲信张浦等人商讨对付宋朝征召的对策。答案很快露出：李继迁向外界发布自己乳母死亡的消息，“发丧”之日，李继迁令部下把兵甲暗藏于灵柩之中，家属与部下扮作送葬者，当送葬队伍离开城郊，避开宋朝兵士的监视后，便直奔离夏州东北300余里的地斤泽（今内蒙古鄂尔多斯市东北）。这位不到20岁的年轻将士就此举起了抗宋大旗，开始了他反叛宋朝、重建党项羌政权的人生。

李继迁在地斤泽挂起了先祖拓跋思恭的画像，在复兴党项羌的旗帜下，散居黄土高原上的党项部族纷纷投附李继迁，并对宋朝管辖的区域进行小规模侵扰和劫掠，但几次对宋朝的进攻都以失败告终。984年9月，宋军反击李继迁的据点地斤泽时，还虏获了他的妻子、母亲，李继迁只得四处流窜，以躲避官军追袭。

身处绝境的李继迁依旧没有放弃他的军事复兴计划，继续招兵买马，并改变了对抗宋朝的策略——通过与野利等豪族联姻，建立抗宋联盟。不仅如此，他还把目光转向了北方最大的军事势力——契丹人建立的辽国。

此时的辽政权，也急于寻找盟友，以牵制宋朝的兵力。986年，李继迁臣服于契丹，被辽圣宗授予定难军节度使、都督夏州诸军事。同年12月，李继迁向辽国请婚，也被应允。“联辽抗宋”的新战略取得了极大的成效，李继迁借助辽的兵马，大举进攻宋朝，屡获战功。990年12月，契丹封李继迁为“夏国王”。

此时的李继迁逐渐稳固了自己的军事基础和实力，但依旧谨慎对待辽国，每年进贡、朝岁、贺生辰都十分恭敬。而宋朝也未间断过对李继迁的劝降，991年就任命他为银州观察使，赐名“赵保吉”，但李继迁并不接受，继续联辽在宋朝边境侵扰。

据《宋史》记载，995年，李继迁引兵进攻西北重镇——灵州，第二年在浦洛河截获宋朝运往灵州的40万石粮草并围攻灵州，宋太宗派五路大军反击，李继迁未能得逞。997年10月，李继迁再度进攻灵州，再败。李继迁认识到攻取灵州的艰难，改变了策略，转而向宋朝请降，不堪其扰的宋朝答应了李继迁的归附。1002年春，李继迁最终攻陷灵州，宋朝遣使议和，并将李继捧当初献上的夏、银、绥、宥、静五州拱手还给李继迁，夏州的拓跋政权由此重新兴起。

从灵州向西扩张

对拓跋政权来说，最终取得灵州，是其帝国之路的一个关键节点。

自秦始皇统一六国，灵州所在的河套地区就开始被纳入帝国版图。秦汉时期，大批移民进入这一带开垦、种植，发展灌溉农业。但也因其处在中央王朝与北方游牧民族的交会地带，历史上一直纷争不断。唐朝安史之乱爆发时，唐肃宗李亨在此即位，使这个偏远的边疆之地一跃成为军事重镇。而对此时的拓跋政权来说，往北有辽盘踞，往南也无法与宋朝势力抗衡，因而河套及河西地区成为扩张地盘的最佳选择。

灵州的重要性不言而喻，李继迁曾两次围攻灵州均告失败，转而用请降宋朝作为“迂回政策”，并对灵州进行外部围剿。

1002年，李继迁带领军队切断宋军的运粮道路和外援通道，使灵州成为一座孤城。当时，灵州城内兵力只有五千左右，名将裴济担任知州，指挥部众奋力抵抗。《宋史》记载：“夏人大集，断饷道，孤军绝援，济刺指血染奏，求救甚急，兵不至，城陷，死之。上闻嗟悼，特赠镇江军节度。”裴济在弹尽粮绝且始终不见救兵的困境中，咬破手指，连夜写下一封血书，向朝廷求援。裴济带领守军死战到最后，也没能改变灵州就此更换主人的结局。

攻克灵州后，李继迁命令李继瑗、李知白等人前往灵州，以一个都城的规模制式，在那里修建宗庙、衙门、宫廷，并以其祖先及自己被册封过“西平王”，将灵州更名为“西平府”。1003年3月，党项羌的政治、军事中心正式迁进西平府，民国戴锡章撰《西夏纪》中记述为“迁都西平府”。这也意味着这支拓跋势力从鄂尔多斯高原南部迁移至银川平原一带，正式开启了在西北地区建立伟业的道路。

虽然占据了灵州，但面临周围游牧部族的觊觎和宋军的进逼，缺少战马和兵丁成为李继迁的两大心病。为了在逼仄的生存空间寻得出路，他苦心谋划了一道小径：占据今祁连山南段、甘肃武威一带的一支吐蕃军队六谷部缺乏铁箭，他派人前去和六谷部首领潘罗支谈判，提出由他向六谷部提供一批铁箭，以交换拓跋部去往西凉（今甘肃武威）买马道路的畅通。

然而，这条小径并没有带来曙光，反而成了李继迁的一条死胡同。《西夏书事》记载："罗支戮一人，絷一人，表闻候旨。真宗褒谕之，听自处置。"原来李继迁的向西扩张威胁到六谷部的利益，六谷部早已与同样视李继迁为巨大隐患的宋朝结成联盟。六谷部的潘罗支不仅没有买他的账，反而将李继迁派去谈判的人或杀掉或拘禁，并将这个情况修书上报宋真宗。宋真宗下诏赞赏了潘罗支的做法，并表示所拘禁的使者，任凭潘罗支处置。

李继迁并没有就此放弃凉州，在表面攻打宋朝的环州、庆州时，暗地谋划着潘罗支的根据地。1003年11月，"府库积聚，足以给军需、调民食，真天府之国也"的西凉府被党项军队攻破，李继迁下令将西凉府改为西凉州。《西夏书事》中吴广成评价攻克凉州："于是西夏势成而灵州永固矣。"

此时，潘罗支递上了降书，表示自己愿意归降李继迁。面对唾手可得的凉州，李继迁决意欣然接受。虽然谋士张浦认为潘罗支请降必定有诈，但李继迁到底没有采纳张浦的建议。

充满自信且放松警惕的李继迁做着潘罗支率众来降的梦，直到潘罗支私下召集数万兵力，合击李继迁于一个叫"三十九井"的地方。李继迁没想到，就在这里，一支飞箭射中自己。他只好下令火速撤出凉州地界，返回灵州城。

李继迁自知命不久矣，临死前一反常态，给儿子李德明留下遗言：他死后一定要尽全力带领党项羌归附宋朝，"一表不听则再请，虽累百表，不得请勿止也"。这位42岁的党项羌枭雄就这样结束了自己传奇的一生，也给年轻的李德明及尚不稳定的党项羌留下了一个充满不确定的未来。

建都兴庆府

李德明在父亲李继迁的灵柩前即位。宋朝得知此消息后，有官员上书宋真宗，趁其"国危子弱"，速速攻取拓跋部政权。但真宗并未采纳，反而派人通知驻守延州（今陕西延安）的官员前去吊唁并提出议和的愿望。李德明并未立刻接受招降，而是召来张浦等臣子共同商议应对之策。

1004年5月，李德明之子李元昊出生，给西平府带来了一丝生机。《西夏书事》中说，德明妻子卫慕氏怀胎十二月才生产，而出生的元昊"啼声英异，两目奕奕有青光"，因此得到李德明的格外宠爱。

此时的李德明一刻也没忘父亲李继迁的死亡之恨。李继迁被迫退出西凉后，西凉就被潘罗支及西北各少数民族占据，他们合谋共同抵抗拓跋政权。李德明两次遣兵攻之，不胜而还。1004年6月，李德明再次发兵，在潘罗支没有防备的情况下将其杀死，凉州大乱，李德明顺利占领西凉府。报了杀父之仇的李德明，这才于7月将父亲葬在贺兰山下。

1005年7月，契丹派使者册封李德明为西平王，赐车马、钱币等。宋朝也加强了对拓跋的招抚，经过多番商榷，终于在1006年9月达成一致，签订和约，并表示"父有遗命，永无贰心"。真宗念其归降，后又封李德明定难军节度使、西平王、夏州刺史等，赏赐颇厚。

站在西平府内，李德明的眼光一次次向西望去，黄河对岸的贺兰山常常扑入他的眼帘。贺兰山下，有一座唐朝时修建的小镇——怀远县。怀远周围是一片巨大的人工绿洲，西有贺兰山作为天然屏障，东面和南面有黄河形成天堑，向西可通河西走廊甚至西域。贺兰山下的那片平原，成了他置放梦想的一块基石。

1017年夏天，李德明派指挥使兼左都押牙贺承珍带领从内地请来的一大批能工巧匠，渡过黄河，在怀远开始了一项工程：仿造内地都城形制、结合党项羌自身文化，兴建一座城池，同时也开始丈量土地、开通渠沟、修筑公路和渡口等工作。经过几年的建设，一座背依贺兰山，面朝黄河的绿洲城市，出现在今银川平原上。1020年11月，李德明将党项羌的政治文化中心迁往贺兰山下的怀远镇，并改名为兴州（今宁夏银川）。

除了将“都城”往西迁至兴州，李德明也继续向西进行军事扩张。凉州吐蕃政权灭亡后，甘州（今甘肃张掖）回鹘趁机发展起来。李德明为夺取河西走廊与回鹘展开了多次争夺，但都失败。1028年，李德明派儿子李元昊带兵攻打甘州，一举成功，李元昊被立为太子，由此开始了拓跋氏的新时代。

1032年，李元昊即位。次年，元昊升“兴州”为“兴庆府”，并开始大兴土木，修建宫城、殿宇。与此同时，延续李继迁、李德明往西扩张的策略，于1036年占领瓜州（今甘肃瓜州）、沙州（今甘肃敦煌）、肃州（今甘肃酒泉）等地，将整个河西走廊纳入党项羌的版图，奠定了立国根基。

1038年10月11日，李元昊在兴庆府称帝，建立大白高国，史称西夏。这支从青藏高原起步的党项羌，辗转到以夏州为中心的黄土高原、鄂尔多斯高原一带，最后落脚在银川平原上的兴庆府，终于开始了长达189年的帝国统治。

西夏王朝历代帝王及皇家的陵园。自李元昊称帝后，西夏共历经10位皇帝，目前在西夏陵共发现有9座帝王陵及200余座陪葬墓，是中国现存规模最大、地面遗址最完整的帝王陵园之一。1227年西夏被蒙古所灭，并逐渐消失在历史长河中，徒留这些陵墓在苍莽广阔的贺兰山下证明曾经的存在
摄影_吴建新

西夏文字的千年之旅

撰文 唐荣尧
供图 董宏征

历史上也许出现过这样一个场景：1037年的一天，北宋仁宗皇帝赵祯接见了来自贺兰山下党项羌政权派来的使者，和往常不一样的是，这一年使者带给大宋皇帝的信札上，左边是汉字，右边却是一种看似汉字但细看却非汉字的古怪文字。皇帝让群臣辨认这些古怪文字，竟然没有一个宋臣认识。使者解释，这是党项羌新创造的一种文字。此后，党项羌和宋朝乃至周边其他政权往来的官方正式文书，皆出现有这种文字。

1038年秋天，党项羌首领李元昊在兴州城内宣告成立大白高国，史称西夏，这种文字也被称为西夏文字。至1227年，西夏被蒙古骑兵所灭，西夏文字也因此一度被遗忘在历史记忆中，成为名副其实的『死文字』。西夏文字究竟是如何被创造出来，它又走过了一条怎样的路？

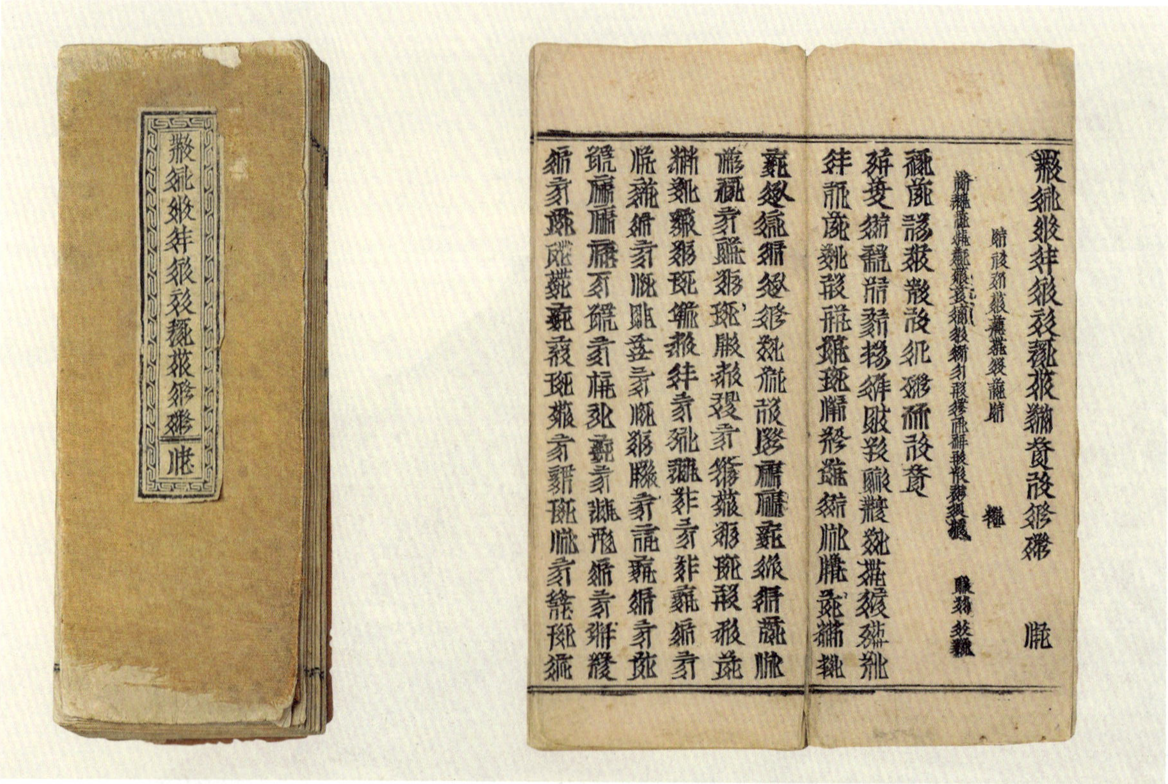

西夏文译本《大方广佛华严经》，经考证为西夏仁宗李仁孝时期木活字印刷文物。它是研究西夏文字、西夏佛教及木活字印刷术的重要实物资料，现藏宁夏博物馆

一个王朝创立的文字

党项羌是一个从青藏高原辗转至黄土高原再到宁夏平原的马背民族，其流徙过程漫长而曲折。至11世纪30年代来到宁夏平原时，已经形成了一个壮大的军事集团，统领这个集团的首领李元昊开始谋划一个新的独立政权。

《宋史·夏国传》中记载，“元昊自制蕃书，命野利仁荣演绎之，成十二卷”。这是1036年，离李元昊建立西夏王朝还有两年时间。如今已经难以了解李元昊出于何种原因决心创建自己的文字，或许，李元昊和契丹王朝乃至后来的女真王朝的奠基者一样，深知新政权的政令通达必须靠文字；他也深知党项羌千百年来的文化传承，因为缺少文字而慢慢散失。他和这个族群、新兴的帝国都需要一种属于自己的文字来记录族群的耻辱与光荣、流离与团聚，记录即将崛起的帝国的兴盛与强大，以及和周边王朝在经贸、文化等方面的交流。

奉命负责创作文字这项艰难工作的文臣叫野利仁荣。野利是党项八大部族之一，野利仁荣是李元昊的重要谋士。沈括在《梦溪笔谈》卷二十五中说：“其徒遇乞先创造蕃书，独居一楼上，累年方成，至是献之。”关于野利仁荣和遇乞是否为同一人，史学界说法不一，但野利仁荣最终完成6000余字的西夏文字这一史实却是公认

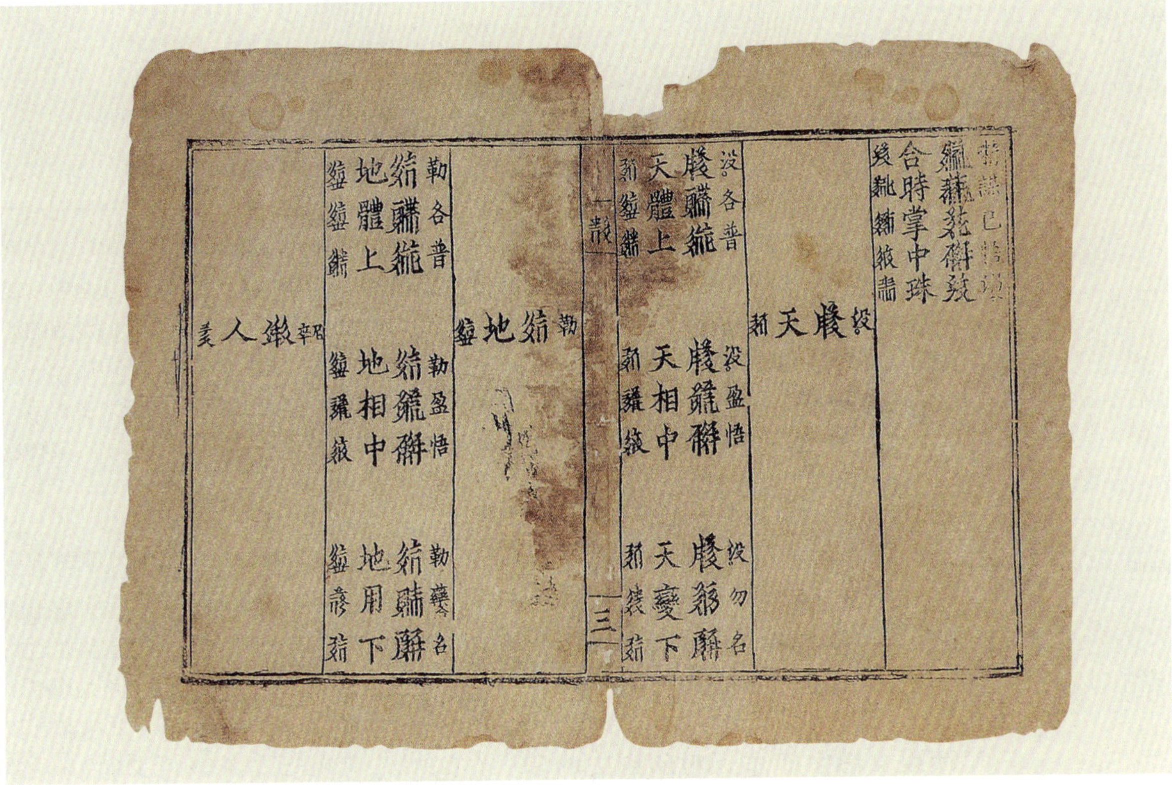

西夏文字典《番汉合时掌中珠》，内蒙古额济纳旗黑水城遗址出土。该词典由党项人骨勒茂才于仁宗乾祐二十一年（1190）所著，是一部汉文和西夏文双解词典，为番（党项）、汉两族人互相学习对方的语言文字提供了方便

的。1983年，内蒙古额济纳旗黑水城出土了西夏文字典《音同》，是目前已知文献中收录西夏字最多最全的，明确记载了6000多个西夏字的音、形、义。

这些西夏文字是参照汉字笔画重造出来的，因此乍一看与汉字非常相像，形体方正，有横、点、竖、撇、捺、拐等汉字基本要素，但在间架结构上又比汉字繁杂，笔画也更多，这使它看上去更为敦实。西夏字借鉴的主要是传统“六书”中的会意和形声两种构字法，这为我们今天辨识西夏文字带来了难度。西夏字由独体字和合体字两大类组成，必须先认识一定数量的独体字，才能逐步走进这种文字构成的海洋中，掌握其组字规律。中国的西夏学术界有这样一个说法：目前真正能认读西夏字的人不超过10个，但在西夏时期，这些复杂的“蕃书”流行甚广。

西夏文字创立后，统治者十分重视它的推广和应用。清代吴广成在《西夏书事》中记载，1037年11月，“元昊既制蕃书，尊为国字”，并开始“教国人用以纪事”。

为了新文字的顺利推广，李元昊规定自己统领辖境内的文书告牒，一律都用新制文字书写，从政府机构内部开辟高效、便捷的新文字推广渠道。野利仁荣则派他的学生深入党项羌统领的地区，到民间教习传授，帮助民众使用这种文字记事。

李元昊还下令设立“蕃字院”，委任野利仁荣主持，翻译《孝经》《尔雅》《四言杂字》等汉文典籍为西夏文；从党项和汉人官僚子弟中选拔优秀人才入蕃字院学习，学成并通过考校后，授予相应的官职，这在同时代北方其他游牧部族建立的王朝中是罕有的。

由于统治阶层的积极推行和大力提倡，西夏文字很快流行起来，上至官方文书、法律条令，下至契约账目、印章碑刻，都用新文字作为交流工具，西夏字也逐渐演绎成如汉字各种字体般的一套固定体式。

西夏文活字印本，对印刷史的印证和改写

西夏文字的广泛使用推动了西夏境内造纸及印刷业的发展，在王朝内部的行政机构设置中，出现了专门负责刻印事业的“刻字司”。虽然刻字司是西夏政府五等机构中末等司的一个部门，但它是中国历史上第一个少数民族政权中专门掌管刻字的部门。西夏对文字和印刷的重视，可见一斑。

对西夏文印刷品的大量需求，使得官府印刷机构和大批民间印刷作坊大量兴起，西夏国都兴庆府成为当时中国西北地区最大的印刷、出版基地。从现代考古挖掘出的实物来看，西夏当时的印刷技术已掌握得非常成熟，除了有大量雕版印刷品，甚至出现了活字印刷的实物。

作为古代四大发明之一，印刷术是中国对世界文明的重要贡献。隋唐之际，雕版印刷术就已发明，并在唐朝中后期得到广泛应用。至北宋时期，毕昇发明泥活字印刷术，使印刷术有了突破性进展。北宋沈括在《梦溪笔谈》中详尽记录了毕昇泥活字的制作方法，并指出“昇死，其印为余群从所得，至今保藏”。然而，从之前发现的考古实物来看，毕昇死后，他发明的泥活字印刷术可能并没有被广泛使用，一方面，宋朝的书本印刷仍以雕版为主，另一方面，这一时期采用泥活字印刷的实物也一直没有出现。

直到现代考古挖掘出西夏文活字印本。1987年，甘肃省武威市亥母洞遗址出土的《维摩诘所说经》；俄国探险家科兹洛夫于1908年、1909年在内蒙古额济纳旗黑水城发掘的《维摩诘所说经》；2005年，贺兰山山嘴沟出土的西夏佛经文献《妙法莲华经集要义镜注》等，都被证明是西夏时期的泥活字印刷品。不仅如此，一度被认为发明自元代的木活字印刷品也在西夏时期的考古发掘中出现了。

1990年11月末的一天，宁静中带有寒意的贺兰山拜寺口深处传出一声巨响：一座西夏古塔被不法分子炸毁。宁夏回族自治区文化厅和公安厅立即组织进行联合现场调查，在现场发现了大量墨书西夏文和汉文的纸本文物及其他西夏时期物品，其中最受专家关注的是达9册之多的西夏文佛经——《吉祥遍至口和本续》。

《吉祥遍至口和本续》具有明显的木活字印刷本的特征，比如经文中出现的文字颠倒现象。雕版技术决定其印刷品上面的字是固定的，不会出现字体颠倒现象，而活字印刷因为字模可以根据印刷内容灵活调动，因而容易出现字体颠倒错误，以及诸如错排、漏排、字形大小不一等雕版印本中不会出现的现象。此外，行间的隔行夹片印痕更是被专家认定为其是木活字而

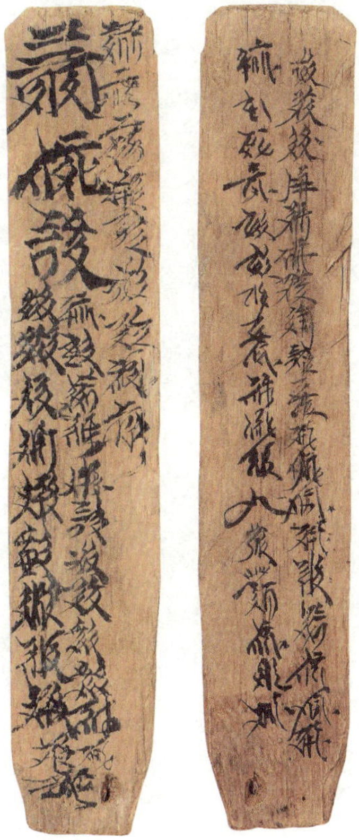

由于统治阶级的积极推行和大力倡导，西夏文字很快流行起来，上至官方文书、法律条令，下至印章碑刻、契约账目，都用新文字作为交流工具。上图为出土的西夏文木简、铜牌、工监专印、铜钱、木雕印版等

非泥活字印本的关键证据。1996年11月6日，文化部科技司组织了对西夏木活字研究成果的鉴定，明确指出，西夏文佛经《吉祥遍至口和本续》是迄今为止世界上发现最早的木活字版印本实物。

北宋毕昇曾尝试木活字印刷，但据沈括记载，“不以木为之者，文理有疏密，沾水则高下不平，兼与药相粘，不可取”，毕昇的木活字印刷尝试失败了。而元代农学家王祯使用木活字成功印刷了自己写的《农书》，而且在该书的卷尾附上了“造活字印书法”。因而在未发现西夏文木活字印刷实物之前，史学界一致认为木活字印刷是元代的王祯于1298年发明的。西夏木活字印刷品的发现，将中国木活字印刷的发明和使用时间提早了一个朝代。

除了宁夏贺兰山中的拜寺沟方塔出土的木活字印刷品外，宁夏灵武发现的西夏文《大方广佛华严经》、敦煌出土的西夏文佛经散页等都被认为是木活字印刷品。这些现存世界上最早的活字印本，成为西夏印刷业发达的有力证明。

活字印刷的兴盛不仅提高了文本书籍的印刷效率，也极大促进了西夏文字在全境内的普及和推广。西夏文字印刷的儒家经典、佛经、史书、军事著作等在西夏范围内大量刊发，西夏文字迎来了自己的黄金时代。

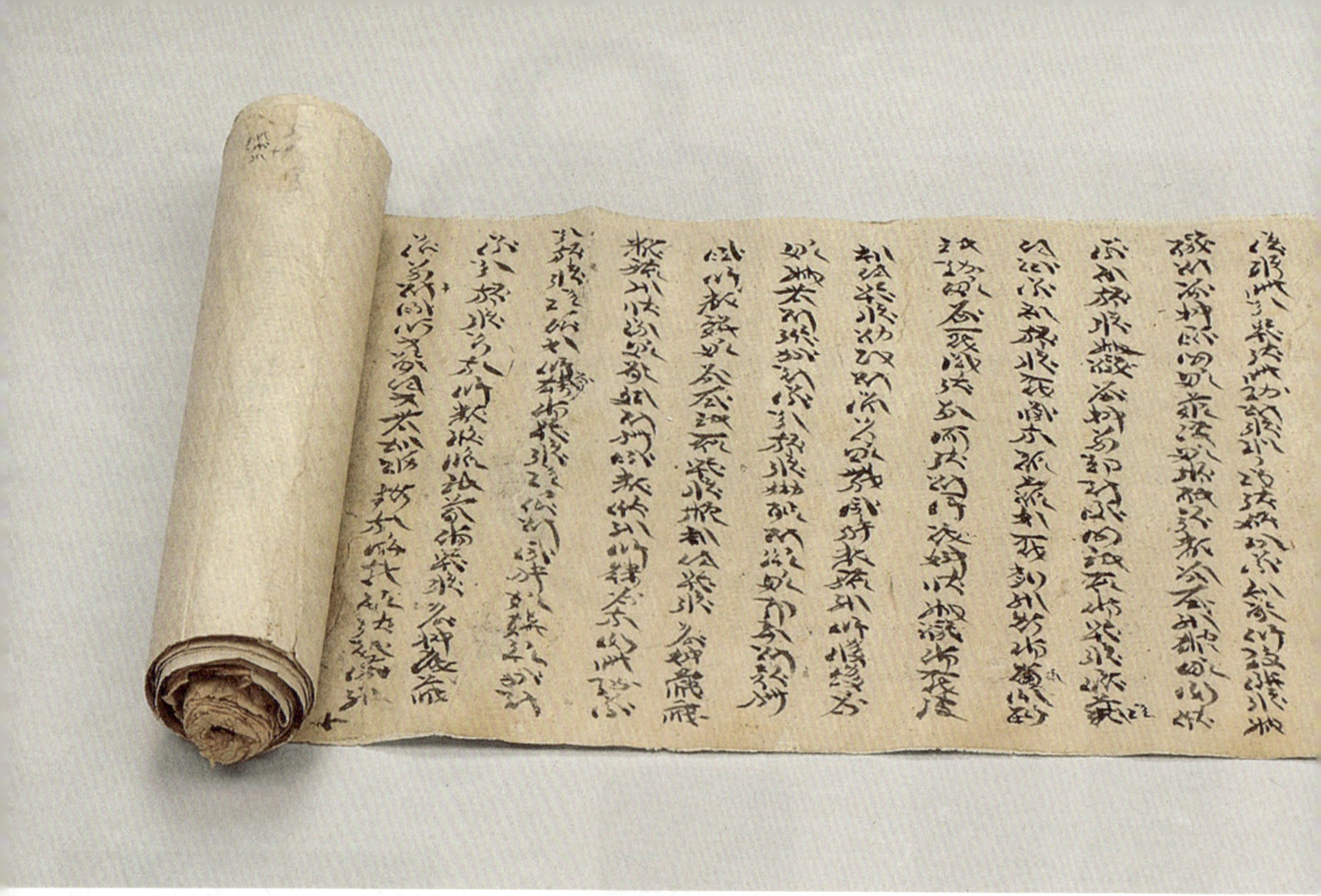

被历史遗忘，却脉息尚存

西夏王朝虽于1227年亡于蒙古铁骑，“国亡之后，文义莫辨，遂至掌故失传”。但蒙元政权建立后，对归顺的西夏文臣武将及工匠却采取了优待政策，那些善战的西夏武士随蒙古军队远征至内地，不少西夏后裔还被委以重任，西夏文字也得到一定程度的流传。

元顺帝至正五年（1345），西夏名臣高智耀的后裔高纳麟时任中书平章政事，奏请在大都北居庸关的通道上修筑过街塔，得到应允。大批从西夏故地征来的西夏工匠们在塔门洞内的石壁上用六种文字刻写了佛经经文，西夏文为其中一种。如今，过街塔虽被毁，但六体文石刻却保存下来，成为西夏文字在元帝国境内使用的实证。

20世纪30年代，陈寅恪先生为王静如创办的《西夏研究》第一辑作序，称他曾在德国柏林国家图书馆看到馆藏之明朝万历年间（1573—1620）藏文《甘珠尔经》上面写有西夏文字，猜测明代仍有使用西夏文的人。但这些只是推论，并未能得到研究证实。

直到1962年，河北省保定市韩庄出土了明代弘治年间（1488—1505）的两尊西夏文经幢，经辨认发现经幢上记录了建幢者、死去僧人姓名、住持名字等信息，此外还

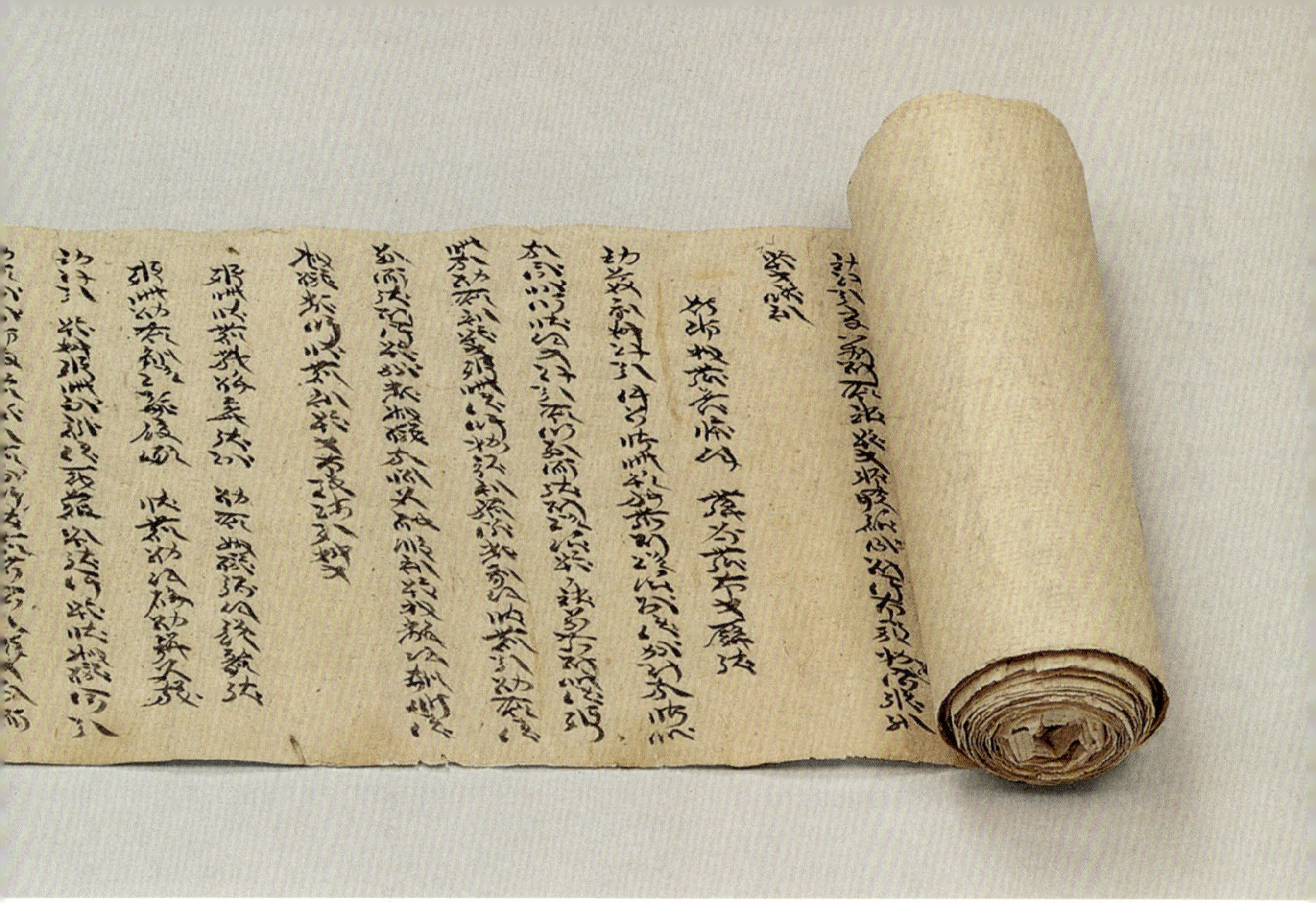

1991年在宁夏贺兰山拜寺沟方塔中出土的手抄西夏文草书佛经长卷。原卷由9张白麻纸连接而成，长574厘米，宽16厘米，是现知最长的卷式西夏文文书，现藏宁夏文物考古研究所

有近80个随喜者的名字，其中不乏党项人姓氏，说明保定一带曾有大批西夏遗民居住。

1984年，保定颉庄又发现了一通《大元敕赐故顺天路达鲁花赤河西老索神道碑铭》，经学者考证研究，碑文上记录的是西夏遗民老索家族四代人从成吉思汗到元顺帝一百多年时间跨度里的主要经历。西夏晚期，老索投降成吉思汗，并随蒙古军队参与多次战斗，其后官至今河北保定地区的最高长官——顺天路达鲁花赤。老索的后代也先后在元朝任职，其曾孙纳怀于1350年立此碑。

结合韩庄出土的西夏文经幢，学者们认为保定一带西夏人的祖先应该就是老索这一支，且自迁徙至此一直使用着“昔日祖国的文字”。这些发现也将西夏文字的使用时限从元代往后推至了明代中叶，西夏文字自诞生至死亡，持续了400余年。

或许是出于对本土衍生文化的一种偏爱，或许是出于旅行时代的需求，西夏文字自创立近千年后，如今以另一种方式在银川重生。在贺兰山下的镇北堡影视城、西夏风情园等景区，一些银川的民间艺人将自己挖掘整理出的西夏文字雕版技艺展示给游人，一些银川的书法家也以书法的形式，鼓动着西夏文字那一道微弱的脉息。

银川有天下人

撰文 刘子超
摄影 陆宇堃 等

来自天南地北的人

如今，已过耳顺之年的石小元，对自己的一生仍不无感慨。1958年，石小元随父母从北京来到银川，至今仍记得火车停靠在银川站时的情景：窗外没有站台，只有大片白花花的盐碱地。

1958年9月22日，遵照文化部的指示，中国京剧院四团全团由北京迁至银川，成立宁夏京剧团。石小元的父亲石天是当年的第一任团长。中国京剧院四团，又称“老四团”，麾下有李鸣盛、班世超、殷元和等京剧名角。

几十年后，这些人的子女大都留在了银川，过着普通银川市民的生活。退休前，石小元是宁夏京剧团的副团长，妻子则在老年大学教京剧班。家中的一面墙上，挂满了宁夏京剧团演出的照片，有些已经微微泛黄。

“前两天刚刚送走班世超先生。”石小元面色凝重地说。班世超，富连成科班出身，曾随李少春、梅兰芳演出，驰名京津沪。随中国京剧四团来到宁夏后，先后在石嘴山京剧团和宁夏京剧团工作。

“可以说，当年支宁的那批老艺术家很多都不在了，”石小元说，“一个时代结束了。”

当年与中国京剧院四团一起支宁的还有歌舞团、话剧团和杂技团等。除了一些秦腔戏班子，宁夏如今上规模的文艺团体几乎无一例外都是新中国成立初期支宁的产物。银川市文化东街上曾有一座大杂院，被当地人称为文化大院，里面住的都是支宁文艺团体的演员。对石小元来说，每天清晨吊嗓子、练声、压腿、翻筋斗的场景，伴随着他的大半生。

自古以来，银川就是移民汇聚之地。北周时期，数万江南人移民银川，将“江左之风”带到塞上。如今这些文化团体的到来，似乎也接续了这样的传统。秦腔名旦王志杰曾向京剧院的演员学习水袖功。她在一篇文章中写道：“我的水袖是向（宁夏）京剧团学的，用到了《昭君别宫》这出戏中。”秦腔“四大名旦”之一的柳萍，当年也曾受教于宁夏京剧院的老教员。

自古以来，银川就是移民汇聚之地。20世纪50年代末，中国京剧院四团、歌舞团、话剧团和杂技团等文化团体支宁，仿佛接续了北周时期数万江南人移民银川，将“江左之风”带到塞上的传统。如今，当年支宁的老人大多已不在人世，泛黄的老照片留下了他们的青春记忆　　摄影_黄彬彬

宁夏各市、县的秦剧团和其他艺术团体的演员也都由宁夏京剧院派出老师进行培训。这一传统，一直延续到“文革”之后。

与石小元一样，今天很多的银川本地人都是父母辈在新中国成立初期或自治区成立前移民来的。当时，为了发展宁夏，国家不仅动员解放军就地转业、复员，还有计划、有组织地抽调大批干部、职工来到宁夏。据《中国人口·宁夏分卷》统计，仅1950—1957年，平均每年就有3.6万人迁入宁夏，这其中迁移到银川的人口占了绝大部分。

位于银川老城区西南角的“上海新村”是当年上海移民的聚居群落。在这片多少有些破落的老小区周边，至今能看到旗袍店、杭帮菜和乡谣酒吧。小区里还有操着上海话的老人，经过一爿改衣服的小店，让人恍然以为走在上海闸北的老城区里。

1958年11月，8岁的孙永保随母亲徐旭英从上海来到银川。徐旭英是上海五金厂的职工，为帮助宁夏建设自己的工业体系，国家决定将一批厂矿整体搬迁到宁夏，徐旭英就是随厂搬迁的一员。

几十年的日子宛如一梦，直到晚年，徐旭英才说服自己：把这把老骨头留在银川的土地上。不过对于在银川长大的孙永保来说，偏僻的银川却早已比千里之外的上海滩更像是故乡了。

小时候，孙永保常去唐徕渠边玩，在那里朝东望去，银川城尽收眼底：沧桑雄浑的承天寺塔（西塔）和海宝塔（北塔），高高矗立在城西和城北；坐落在城郭四周的是四个城门楼，维系着断断续续、忽隐忽现的黄色土城墙，形成了东西长方形的银川城的轮廓；一片片拥挤在城中和散落在城墙外的灰黄色屋顶是商铺和民宅；而镶嵌在银川城西南角上的一大片土黄色房舍就是上海支宁人的新家——上海新村。

《银川晚报》记者李振文说，在一个大西北城市里，出现这样一个地名，多少显得有些“突兀”。如今，只有年纪大点的老银川人，还能给你说出它的来由，再年轻些的，就只能道听途说了。“这恰恰说明，经过一代人时间的发展，银川移民已经与这座城市水乳交融了。”李振文说。

在银川，移民对这座城市的影响仍然随处可见，它以一种“润物细无声”的方式，沁润在生活的方方面面。很多对本地人来说早已习以为常、见怪不怪的事情，只有初来乍到的外地人才会注意到。比如，在银川的电台广播里，经常会出现一个讲上海口音普通话和一个讲银川口音普通话的人的对话。这个看似不起眼的细节，本地人大都不会在意，这是当年大批上海移民的到来造成的，移民带来了自己家乡的语言，而银川的本土语言也受到移民语言的影响。

首先是“宁大话”（宁大指宁夏大学）的出现。“宁大话”是银川地方方言在向普通话靠拢的过程中曾经出现的一个过渡性语言流派，它与自治区成立时的人口大迁徙有着密切的联系。移民带着他们的乡音，与银川的方言发生了碰撞，必然对银川的方言产生影响。由于这些移民大多来自经济文化相对发达的大城市，他们在银川人眼中是先进文化的代表。出于交流的需要，银川人有意无意地吸收了先进文化，在银川方言的基础上学说普通话。

已过耳顺之年的石小元仍记得自己1958年时跟随父母抵达银川的场景。当年，中国京剧院四团全团由北京迁至银川，成立宁夏京剧团，石小元的父亲石天是第一任团长

同样，由于移民文化的影响，银川人对亲属的称呼有同一关系多种称谓的现象。比如，称呼“外祖母”有“奶奶、外奶奶、姥姥、外婆”；岳父、岳母的称谓有“外父、老丈人”“外母、丈母娘”；父亲的称谓有“爹、爸爸、大、大大”等。

如果说20世纪五六十年代的第一批移民身上还固执地保留着包括口音、饮食、生活方式和观念等方面的家乡文化特征，那么第一代移民与当地人或异乡人通婚的后代——第二代移民身上的特征已不那么显著。他们在继承父母一代文化亲缘关系的同时，对多个区域的文化进行吸收，形成了第二代移民包容、开放的性格。

“按理说，我也算是‘红二代’呢！”一口地道银川话的出租车司机顾振坤调侃说。他的父亲顾景俊是山东临沂人，参加过抗日战争、解放战争和抗美援朝，后来响应国家号召，转业至银川，成为宁夏工商局的干部。顾振坤兄弟姐妹四人都是在银川出生、长大的二代移民。顾振坤娶了宁夏本地人，在铁路局工作的大哥则娶了上海支宁人的女儿。

“我嫂子一点上海话都不会讲了。”顾振坤说，“生活习惯上，我们也和银川本地人完全一样，一天两顿饭，爱吃烩肉片、炒糊饽。”

移民与少数民族的融汇之地

如今的银川，仍有很多地名中带有“渠”字，比如蜿蜒于银川市内的唐徕渠。两千多年来，遍布银川平原的渠道网络，也揭示了银川之所以能够汇聚四方移民的重要原因。

在银川，引黄灌溉的历史已有两千多年。黄河从腾格里大沙漠东南部边缘的沙坡头以西流入宁夏境内。由于宁夏地势平坦，水流平缓，西高东低，自流灌溉条件十分

山东临沂人顾景俊，参加过抗日战争、解放战争和抗美援朝，后来响应国家号召，转业至银川，成为宁夏工商局的干部

便利。从古代开始，人们就在银川平原上穿渠引水，灌溉农田，因此有了“天下黄河富宁夏”之说。

因为灌溉便利和充足的水源，各朝各代均有移民开发银川的传统。根据确切的文字记载，银川平原有组织的大规模移民始于秦朝，其目的是移民实边。秦始皇统一六国后的第二年，蒙恬率领30万大军，将匈奴人赶到了河套之外。蒙恬在河套黄河沿岸筑城屯驻，拉开了整个银川平原的第一次移民开发的序幕。

汉武帝时代，卫青北击匈奴，取得河套以南肥沃富饶的土地。此后向银川平原移民的规模更大了。除了移民实边，还有安置灾民和贫民，以及军事屯垦等目的。通过大规模的经济开发，兴修水利，发展农牧业，银川平原成为可与关中相媲美的“新秦中”。到东汉时，银川平原所置北地郡已是“谷稼殷实、牛马衔尾”，一派繁荣景象。

银川平原的第二次大规模移民，发生在十六国至南北朝时期。首先是大批匈奴人进入，随赫连勃勃建立大夏政权，先筑饮汗城，接着又改建成丽子园。随后，大批鲜卑族到此驻牧，随着北魏政权的建立，又移民于此。这些移民都是北方的游牧民族，带来“羌戎之俗”的游牧文化，连贺兰山的得名也有源于鲜卑部落称谓一说。北魏一统黄河流域后，又将历下（今山东济南）一县之民迁到银川月牙湖乡一带，并设历城郡管理。

公元579年，北周破陈后，将江南民户两万和被俘的陈国将士两万人迁徙至银川平原屯田，从而一改前代移民多为“关东人”的传统，而变为以长江下游的“江南人”为主的移民。江南移民崇尚礼俗，也带来了先进的农耕文化。通过习俗相化，改变了原有的“羌戎之俗”，使银川平原成为“塞北江南”。

到隋唐五代时期，由于唐朝开明、宽厚的民族政策，以及带有民族自治性质的羁縻府州制度，众多游牧民族再次被吸引到银川平原定居。先有突厥降户、铁勒九姓，后有回鹘、党项、吐蕃，史籍列有部族名称者多达数十个。他们与汉民族共同生活，其子孙在唐诗中被称为“六蕃子弟”。

此后，西夏政权定都兴庆府，即今天的银川，与宋、辽、金相持189年。西夏政权以党项人为主体，唐和五代时期已有不少部族移入，到北宋初期，更是大规模迁入银川平原。成吉思汗统一全蒙古后六征西夏，西夏王朝随之土崩瓦解。不过元代朝廷也认识到银川平原的重要性。“黄河百害，唯富一套”的民谚，亦充分说明银川平原的地域优势在于水利。郭守敬费时两年，将原西夏五州地区的古渠十条、支渠六十八条全部修缮，可灌溉农田“九万余顷”，为接下来的移民垦殖创造了条件。

元、明、清三朝，除有蒙古族、满族大批移入外，还有中亚人或随蒙元大军入华者，或因经商、文化交流沿丝绸之路进入中国者。他们与汉族通婚，在银川平原定居下来。

因北疆经常受到残元势力的侵扰，明朝从东起辽东山海关，西至甘肃嘉峪关一线修筑了万里长城，并分设九大军镇，史称“九边重镇”。银川平原地处北边要塞，自然成为明代朝廷抗击蒙古军队南下的主要战场之一。宁夏的驻军官兵，全部来自

顾景俊的儿女都在银川出生、长大，众多和他们一样的银川第二代移民，在继承父母一代文化亲缘关系的同时，对多个区域的文化进行吸收，形成了第二代移民包容、开放的性格

内地。其中军官以安徽人、江苏人和浙江人为主，下级军士则大多来自陕西、山西、甘肃、河南等地。

直到清代，由于清王朝与蒙古贵族的联盟关系，银川平原的大规模军垦、移民历史才告一段落。但因为摆脱了自古地属农耕民族与草原民族传统战区的处境，银川平原进入了和平建设时代，经济发展迅速，人口也大幅增加。

银川的人口在整个民国时期都基本保持稳定的低增长态势。1949年之后，中国人民解放军第十九兵团留在了银川。五六十年代，银川通过部队集体转业、知识青年支边、三线建设迁厂等形式接纳了大量移民。从1949年至今，银川的人口从不足3万人增加到了216万人，区划面积也从4.5平方公里发展到9000多平方公里。

朝代兴盛，社会稳定，则移民流入；朝代衰落，战乱频发，则移民内迁——这已经成为银川移民史上的规律。在很大程度上，移民的流入以及如何流入，又与当时的国家政策和行政力量息息相关。

从更开阔的角度讲，银川平原在自然条件上是农耕与游牧的交会带，中原农耕文化与北方游牧文化在这里不断碰撞、交融。当气候变暖，农耕线北移，中原移民就会流入；而当气候变冷，游牧线南移，游牧民族就会随之南下。

在政治因素与自然因素的共同影响下，银川平原乃至整个宁夏成为移民与少数民族的融汇之地。民国时代就有“宁夏有天下人，而天下无宁夏人”的说法。

饮食文化或许最能表现银川的融汇之态。在银川，东西南北的饮食方式几乎无所不包。在兼容并包的基础上，又经过改良，形成了各地人、各族人都能接受的口味。我在银川吃了一次四川火锅，发现辣度被大大降低，而汤料中加入了宁夏的枸杞和甘草，涮的则是盐池的滩羊肉。

北京移民扎根黄河岸边开荒种地

从银川市区出发，往东北方向走，新建的公路两侧，笔直的白杨树在秋风中抖动。望着略显萧瑟的风景，仿佛时间也在随之倒流，渐渐回到了20世纪中期的宁夏。30多公里外的黄河滩上，有一个明显带有当时特色的机构——京星农牧场，这是宁夏唯一一个以农场形式保留的乡级行政机构。

如果说在银川市区，早年的移民已经汇入城市化的大潮，他们的后代也已经与城市

今天的很多银川本地人都是父母辈在新中国成立初期或自治区成立前移民来的。当时，为了发展宁夏，国家不仅动员解放军就地转业、复员，还有计划、有组织地抽调大批干部、职工来到宁夏　　摄影_黎枫

融为一体，那么在京星农牧场，多少还能看到一点当年的痕迹。20世纪50年代，黄河水患常常吞噬岸边的土地。北京移民刚到时，这里尚属于甘肃省银川专区。他们落脚的地方，是一片荒凉的土地，甚至没有地名，由于他们的到来，才起名“新建乡”，后几经变动，改为“京星农牧场”。“京星”二字，取“散落在北京之外的星星”之意。

已经过了秋收时节，农场里一片沉寂。金黄色的稻田里，散落着大型农机捆好的稻草墩，准备运往饲料加工厂。路边是整齐划一的红砖房，间杂着有些破败的黄土坯房，除了风声，听不到任何声音，大地仿佛也在沉睡。直到来年春天，这里都将保持这样的静谧。

1955年，先后8批、2300多名北京城区居民迁到了这里，如今65岁的王庚年是其中之一。出于种种原因，这些移民都是新中国成立初期成分定性时没有被归类的人。当时北京组织市民支援大西北，王庚年的父母听说银川紧靠黄河，资源丰富，顿顿有大米、白面、黄河鲤鱼吃，就报了名。

王庚年一家七口人从北京前门登上开往包头的火车。到包头再转乘大篷卡车，穿过戈壁沙滩、丘林刺丛，一路颠簸，两渡黄河，最后到了贺兰县东北方向的黄河滩。黄河滩上杂草丛生，黄沙遍地，很多移民大失所望，哭着闹着要返回北京。当时移民中最出名的，有袁世凯的六姨太叶蓁和儿子袁巨勋、齐白石的关门弟子韩致中，还有后来成为著名作家的张贤亮。

当时的京星农牧场，是一片未开垦的处女地，一切都要自力更生。王庚年一家从此拉开了北京移民这个特殊群体从城市到边塞、由市民到农民的地域和身份的转换。巨大的反差和劳作的辛苦，带来的是心理上和身体上的双重压力。

“最大的问题是，城市移民不懂怎么种田，”王庚年说，“加之后来取消了国家供应，移民的基本生活都难以保障。”

从1956年4月起，每月都有跑回北京的移民。那时，包兰铁路还未通车，回乡心切的人们只有步行到包头，再坐火车回北京。因为火车票不好买，多数人也没钱买，有人甚至扒火车回家。在返京途中，如果遇到合适的地方，他们就停下来安家落户。在如今的石嘴山市、内蒙古乌海市海勃湾等地，都有北京移民的影子。

京星农牧场的老一辈移民曾预言，农场子弟日后的嫁娶会是一大问题。由于农场经济发展缓慢，当地姑娘望而生畏，都不愿嫁进农场；京星的姑娘不愿留在家里，绝大多数都嫁到了外面。1977年，王庚年回河北老家才找到了对象，场里其他大龄青年最后找的都是宁夏南部山区的姑娘。

在漫长的银川移民史中，京星农牧场只是其中的一个片段。它远离尘嚣，离最近的贺兰县城也有几十里路，但这并不意味着它完全疏离于时代风潮。问问农场的老人就会发现，这里不缺少历史上任何一次狂热的激情，从“双反”“四清”到“文革”。

“文革”期间，京星小学停课闹革命。王庚年揣着10元钱，扒火车去北京“大串联”。这是他记事以后第一次回到北京。记忆中的北京乱糟糟的，他“晃荡了三个月，住在牛街的亲戚家里”，直到把母亲纳的鞋走破，才回到京星农牧场，接替父亲当生产队的会计。

十多年里，京星农场的发展缓慢、艰难。老一代的移民逐渐去世，王庚年这样的二代移民开始挑起生存的担子。

1980年，王庚年突然发现曾经的垦荒时代结束了。那一年，京星农牧场开始实行家庭联产承包责任制，打破了“大集体”“大锅饭”的体制。农业生产也由以前的人耕牛种，逐渐更新换代为机械化作业。时间似乎流逝得更快了，整个中国都匆匆踏上了快速致富的道路，京星农牧场也被大潮裹挟其中。越来越多的农户购置了大中型农业机械，有的家庭还买了联合收割机，从春耕播种到粮食入库基本实现了农业机械化。

“我父亲那辈，小麦、水稻全凭人力收割，割倒了要晒干，再用搓好的绳子捆成捆，拉到场上堆成垛，才能脱粒。”王庚年说，“现在收割、脱粒、吹风工序一气呵成，和以前艰苦的劳动相差十万八千里。”

然而，还是有移民的后代陆续踏上了返京的道路。只不过父辈们离开的城市，已经变得遥不可及，不是那么轻易地让外人居住了。更多的移民现实地选择了搬到贺兰县城。他们在那里买房、找工作，只是偶尔才回农场看看。留在农场的孩子越来越少，京星小学也取消了。现在还住在这里的大多是像王庚年一样的老人。因为年轻人不会种田，大部分田地都已经承包给了外面的耕种公司。

“我5岁跟随父母来到京星，亲身经历、亲眼目睹了移民扎根黄河岸边，开荒种地，在艰难困苦中奋斗的历史进程。62年翻天覆地的巨大变化，可以说是移民搬迁的缩影，也是历史发展的缩影。”王庚年这样说。

如今，京星农牧场的生活仍像普通的西北农村一样继续着，只不过比当年悠闲很多。住在农场的老人们，坐在自家院子里，坐在路边，望着眼前熟悉的一切：金黄色的稻田已经收割完毕，而黄河就在稻田的尽头流淌。

在晴朗的天气里，王庚年总是背着手，看看院子里的菜地，或者在农场的田野里转转。他有时也会想，如果当年父亲没有移民到这里，自己的一生将会是怎样。风轻轻吹过，鸡犬声时时传来。他感到，一辈子就像一次漫长的迁移：离开故土，在这里重新开始。

1955年，先后8批、2300多名北京城区居民迁到银川京星农牧场，如今65岁的王庚年就是其中之一。他们亲身经历了62年来翻天覆地的巨大变化，这些变化既是移民搬迁的缩影，也是历史发展的缩影

镇北堡，看得到过去，猜不中结局

撰文 袁銮
摄影 邬志斌 等

从军事要塞到西部影城

夕阳西下，周星驰站在镇北堡的城墙上吻别朱茵。《大话西游》中的这个场景，在无数影迷心中是至尊宝和紫霞凄美的爱情凝固。一抹夕阳透过贺兰山照在爱人的脸庞，那时的至尊宝或许真的希望，这份爱的期限是一万年。影迷总是希望这份爱的期限可以无限延长，如夕阳般循环往复。然而，镇北堡出现在贺兰山下，接受夕阳的洗礼，满打满算不过600年。

600多年前，自明朝建立起，战败的蒙古诸部残兵仍不断南下滋扰。东起鸭绿江，西达嘉峪关的明长城因此而建。长城以北，是漠北蠢蠢欲动、预谋反扑的蒙元残余势力；长城以南，是绕长城而设的九个军事重镇，被称为“九边重镇”。宁夏镇是其中之一，就是如今银川的所在地，银川很多以“屯”或者“堡”命名的地名，都与这一段历史有关。建于贺兰山东麓洪积扇滩地上的镇北堡也不例外，在明朝，镇北堡是众多环绕宁夏镇的屯堡之一。

如今，镇北堡是一个影视城，为了影视制作需要，要尽可能地隐藏现代化的设施。和所有线路、管道一起深埋地底的，还有明朝城墙遗址。影视城创始人张贤亮先生将这段遗址保护起来，在古城墙上方铺设了一条透明的玻璃路。旅行者的脚下，城墙的轮廓依然清晰可见。这是残存的夯土城墙。古人将黄土掺入粗、细沙石，将水加入生石灰产生高温，然后把掺好的沙石倒进高温石灰坑，加以搅拌，再用木板层层定型相叠，用石夯夯筑成墙体。他们试图用这种方式求得“蒸土校锥以图永固”。但最终，这座屯堡还是化成一堆颓垣断壁。

残留的城墙述说着镇北堡的历史，虽然镇北堡如今大名鼎鼎，但在当时只是宁夏镇一个不显眼的棋子，微不足道到几乎查不到驻守于此的军事首领是谁，也找不到一个稍微完整的军屯故事。

朝代更迭，明朝的屯堡纷纷在风沙中瓦解。镇北堡在乾隆三年（1738）的大地震中更是几乎被摧毁殆尽，然而，清朝的统治者又一次选中了镇北堡。

地震后约两年，一队军马选择在镇北堡安营扎寨，在距离倒塌的明代要塞200米处明、清两代，镇北堡是守卫着银川城，甚至西北疆域的军事屯堡。而今，作为西部影城的镇北堡成为银川的一张旅游名片。军人垒起的威严堡垒成为寻常百姓的参观地；金戈铁马的演兵场开满了野草花。纷至的游人或许不关心一将功成的热血斗争，城内搭起的经典电影场景更能让他们缅怀一去不复返的青春。

另起炉灶，建起“清城”。清城的建设者似乎更为讲究，他们以城堡大门作为中轴线，城内建筑依次排布。镇北堡又一次焕发了生机。

站在清城城门前，就是站在这座城的中轴线上，望着不远处贺兰山的卧佛峰。夕阳绕过卧佛峰，映照在城门墙头上。周星驰和朱茵，正是站在这个墙头双眸对望。夕阳之下，白云苍狗，军人垒起的威严堡垒成为寻常百姓的参观地，金戈铁马的演兵场开满了野草花。

今天，镇北堡是银川旅游的名片。纷至的游人或许不关心一将功成的热血斗争，城内搭起的经典电影场景更能让他们缅怀青春岁月。

决定命运的一次偶遇

作家张贤亮被认为是一个改写镇北堡历史的人。遇到镇北堡之前，他形销骨立，觉得自己的青春已被埋葬，灵魂也不安宁。1957年之后的张贤亮，被划为“右派”，在农场接受“劳动改造”。

一场偶遇，发生在1962年的春天。1961年12月，第一次劳改释放后的张贤亮，听从分配到银川市郊的南梁农场，负责看管农场的菜窖。看管菜窖是一个好活，除了不用下地干活，还方便“监守自盗”。偷菜容易，却有致命缺陷——没有食盐。农场管理者早有先见之明，小卖部里不卖食盐，防的就是有人开私灶。

后来有人告诉张贤亮，农场往南30里，一个叫镇北堡的地方有集市，可能有盐卖。张贤亮决定去镇北堡碰碰运气。从农场到镇北堡，没有路，张贤亮在荒野里一直往南走。走了30里，遇到一个“土寨子”。虽然和张贤亮想象的完全不同，但这个“土寨子”的确就是镇北堡。

在张贤亮后来写的《绿化树》里，有一个镇南堡，虽然改了名字，但实际上写的就是镇北堡。他在小说里这样描述：

“所谓集镇，不过是过去的牧主在草场上修建的一个土寨子。坐落在山脚下的一片卵石和沙砾中间，周围稀稀落落地长着些芨芨草。用黄土夯筑的土墙里，住着十来户人家，还没有我们一队的人多……

黄河谣(1989)

在镇北堡西部影城取景拍摄过的著名电影（从左至右，从上到下）：《红高粱》《大话西游》《新龙门客栈》《黄河谣》《东邪西毒》《黄河绝恋》

今天逢集，人比平时多一些，倒也熙熙攘攘的，使我想起好莱坞所拍的中东影片，如《碧血黄沙》中的阿拉伯小集市的场景。”

那时的镇北堡早已没有往日军屯的荣光，“整个就是一座大羊圈”。但这一切和当时的张贤亮并没有什么关系。1962年跋涉到镇北堡，张贤亮惊喜地买到了一撮盐，成功地活在当下。

古堡和影视的传奇组合

张贤亮和镇北堡第二次联系起来，已是1980年。社会发生了翻天覆地的变化，“右派分子”张贤亮得到了彻底平反。那一年，刚被调到宁夏文联工作的张贤亮想不到，一个叫张军钊的导演让他以及镇北堡神奇地和影视组合在一起，拉开了另一个传奇故事的序幕。

1980年，刚从北京电影学院导演系毕业的新人导演张军钊要拍摄他的电影处女作——《一个和八个》，去银川寻找拍摄点，寻求文联的帮助。张贤亮接受了这个任务，第一次将电影剧组带进了镇北堡。《一个和八个》的拍摄和公映过程颇为曲折，但这并不是一部引起广泛关注的电影，更鲜为人知的是，这个剧组里还有一个张军钊在北影的同学——摄影系的张艺谋。

7年后，镇北堡第一部影片的摄影张艺谋重返故地。不过这次他不再是电影摄影师，而是电影《红高粱》的导演。《红高粱》的指定拍摄地，本是原作者莫言的故乡山东高密。不知道是张艺谋对镇北堡的印象太深刻，还是镇北堡的确契合电影的需求，最终镇北堡和山东高密，成了《红高粱》最主要的两个取景地。

这部电影在中国影史上可谓浓墨重彩——《红高粱》因获得第三十八届柏林国际电影节金熊奖，成为中国第一部在国际A类电影节（竞赛型非专门类电影节）拿金奖的电影，中国电影人欢呼雀跃。对镇北堡的命运，同样是浓墨重彩的一笔：《红高粱》里的经典场景——中国著名美工师杨纲设计的让人印象深刻的月亮门，成了镇北堡最具标志性的景致之一，屹立在已成一片废墟的镇北堡明城上。

20世纪80年代，旅游是一个新鲜字眼，《红高粱》这部电影的成功，却意外地将镇北堡和旅游联系在一起：几个外国游客来到镇北堡，好奇地观摩着电影里的场景。原镇北堡林草试验场场长袁进琳最先看到了商机，那时，镇北堡还是林草试验场的辖地。镇北堡始创阶段的思路特别简单，就是将在镇北堡拍摄的电影场景还原，让它成为一个影视制作和旅游齐头并进的文化乐园。

开发旅游需要群策群力。张贤亮不仅将镇北堡介绍给影视界，还将镇北堡选为根据自己小说改编的电影《牧马人》的拍摄地，并成为建设镇北堡的参与者。《三联生活周刊》2014年刊发的一篇文章里，将这个事件称为张贤亮的“入场”。然而，那时的张贤亮，既不是镇北堡影视城的始创者，也不是这个影视城的大股东。不管怎样，一系列变化后，镇北堡最后留下的，只有张贤亮的痕迹。无数旅行者拿着张贤亮的书来到镇北堡。张贤亮手写的“旅游长见识，行走即读书”的牌匾高挂景区门口。这里的一切，都按照张贤亮的想法生长着。

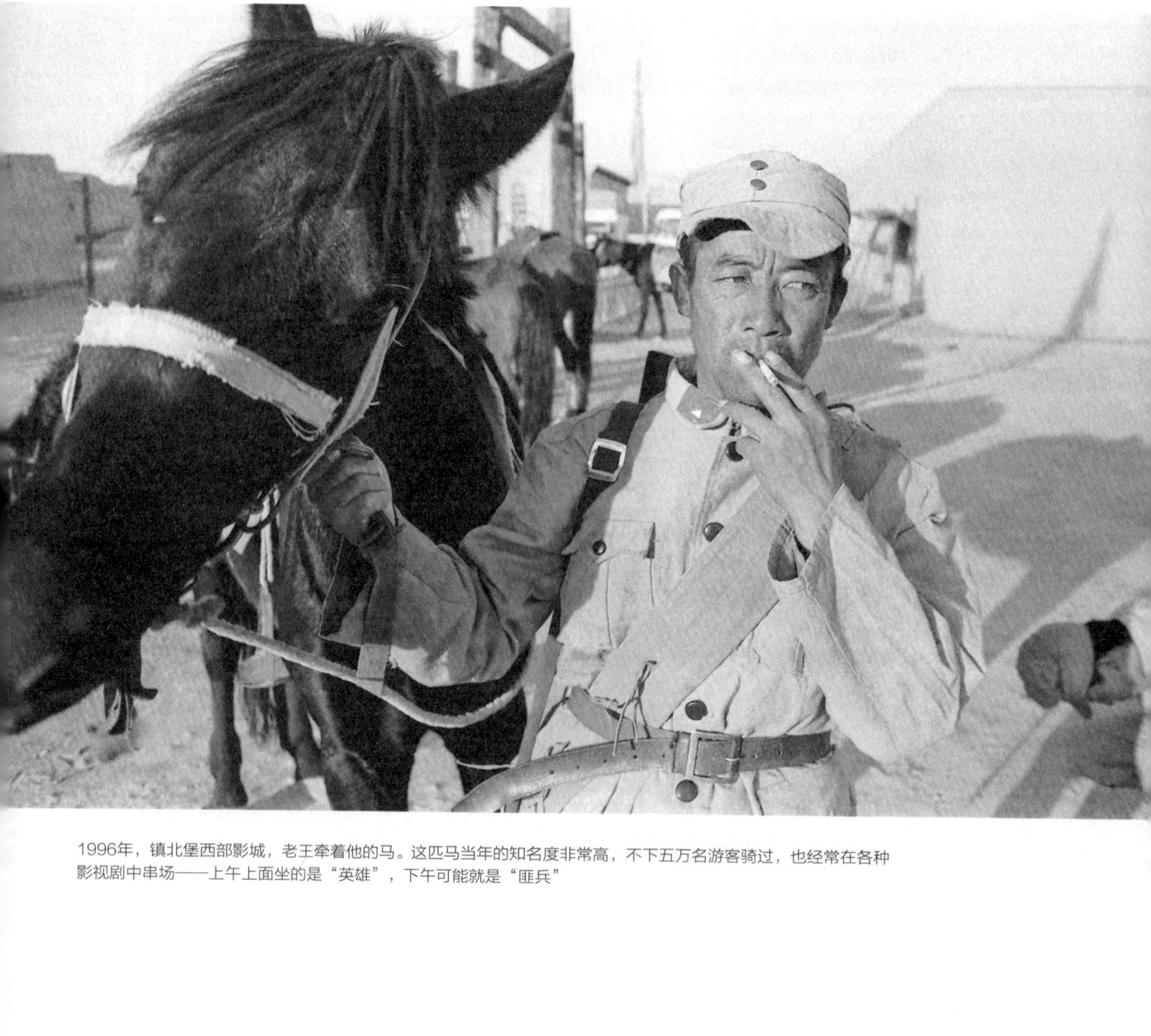

1996年，镇北堡西部影城，老王牵着他的马。这匹马当年的知名度非常高，不下五万名游客骑过，也经常在各种影视剧中串场——上午上面坐的是“英雄”，下午可能就是“匪兵”

1996年夏，镇北堡西部影城，月亮门下

影响了一代年轻人的电影《大话西游》在镇北堡西部影城中拍摄　　摄影_刘海峰

《大话西游》和回忆圣地

1994年，镇北堡成为影视基地的第二年，张贤亮刚刚担任这个影视城的董事长。说那时的镇北堡是百废待兴并不为过，张贤亮第一次来到影视城看见的那些牧民人家，依然还生活在影视城内。

然而，就是这个百废待兴的影视城，迎来了一个堪称让镇北堡走上神坛的剧组。这个剧组的导演是香港的刘镇伟，他们要拍摄的电影是《大话西游》。

20世纪90年代，香港电影的黄金年代。金像奖最佳导演得主刘镇伟春风得意，带着周星驰、朱茵、莫文蔚等一众演员来到银川，入住贺兰山宾馆。他们要在这里待一段时间，以镇北堡为主要拍摄地拍摄《大话西游》，虽然当时刘镇伟只写了剧本的框架。

1994年10月，宁夏大学附中的一个学生拿着相机来到贺兰山宾馆附近等了两天，看到一个穿着灰色呢子大衣的年轻人骑着一部女士自行车出来溜达，后座上坐着一个娇俏的姑娘，他们一路往西骑行，绕了一圈，从宾馆南面回来。这个学生抓拍了一张照片，照片里，男青年小心地看着路，看不到后面女子的脸，只有一只抓住男青年衣服的手。那个学生说，骑自行车的人是周星驰，后座上的姑娘是朱茵。

《大话西游》在镇北堡西部影城拍摄中，导演刘镇伟在指导周星驰、吴孟达等主要演员　摄影_刘海峰

那时候谁都不知道，《大话西游》将会成为一部影响如此深远的电影。

《大话西游》剧组走了之后，镇北堡进入影视制作的高峰期。当年，这个影视城每年接待数十个剧组，每天都在增加电影的布景。来往的电影人和旅行者越来越多，那些居住在镇北堡里的牧羊人也成功被说服，撤出了低矮的平房，住进了附近的移民村。镇北堡正按照张贤亮设想的那样慢慢走上西北第一影视城的坦途。也是在这几年里，《大话西游》意想不到地酝酿出一场巨大的话题风暴。

这场风暴并不是来源于电影院，大半功劳要归功于2000届的大学生们。

1996年，《大话西游》在内地公映，票房并不佳，然而，北京的大学生们却疯狂地观摩着《大话西游》的盗版VCD，他们一遍遍地看，背诵着电影里的经典台词。这种盛况一直持续到他们大学毕业，他们称自己为“大话迷”。

“大话迷”的风潮，通过BBS论坛最终从北京吹向了全国高校。各大论坛里，《大话西游》里的一段段经典台词以及由台词和剧情衍生出来的文学创作蔚为壮观，成为一代大学生的精神寄托。

“曾经有一份真诚的爱情放在我面前，我没有珍惜，等到失去的时候，我才后悔莫及……”每个“大话迷”都能一字不漏地

夕阳下的月亮门

背下这段经典台词。台词的发生地，是镇北堡清城里的牛魔王府，电影里的这个经典画面，每天都在牛魔王府花园的一台电视机里不断重复。“大话迷”毕业那年，张贤亮搬进了牛魔王府对面的四合院里。在影视城安静的时候，兴许张贤亮能听得到。

2000年后，国内影视的风格从西北漫天黄沙的苍凉逐渐变成横店江南的桃红柳绿，镇北堡作为影视拍摄基地的魅力已大不如前。但也是从那一年开始，来到镇北堡的“大话迷”越来越多——他们从网络走到现实中，走进镇北堡，亲眼看看无比熟悉的电影场景。

镇北堡寄托了这些旅行者的青春，在这里，他们既缅怀《大话西游》里的经典场景，也感慨青春的转瞬即逝。于是，明城里《红高粱》的月亮门不再是游客最为流连的地方，清城入口的那个城楼，才是这批旅行者的追逐地。

至尊宝和紫霞仙子的形象变成了两张亚克力板做的肖像，长久地立于墙头，每天面对着卧佛山边的夕阳。2000年，城门已有些破败，影视城从宁夏固原采购来明朝的城砖，将城门加固。城门里，挂着一墙脸谱，那是紫霞仙子跳进至尊宝心里和他对话的地方；城墙上，夕阳下，武士的脸庞没有褪色，今人不见旧时月，今月曾经照旧人。

《大话西游》里的青春，已成回忆。

塔林，镇北堡西部影城内重要取景点之一

猜不着的结局

明朝的砖，巩固清朝的城。清城城门的巩固是张贤亮津津乐道的镇北堡成功案例之一。导游们带着鱼贯的游客，讲述镇北堡里每个场景的来龙去脉；张贤亮在清城四合院的书桌上，安静地写着书法，书桌上方挂着母亲的画像，母亲的怀抱里是襁褓中的自己。

张贤亮已经是镇北堡，甚至是宁夏银川的一个传奇，但张贤亮心中的银川是怎样的呢？或是他18岁那年在银川的第一个落脚点——京星农牧场的模样，或是在农场劳改时的不堪岁月，也可能是在镇北堡挥斥方遒的峥嵘过往……当人们走进镇北堡时，发现每一处都有张贤亮的痕迹，但繁华落尽时，张贤亮，一个安静的老人，将生命最后的十多年岁月，留在了一个比他老500多岁的古城中。

2014年的一天，他最后一次走出镇北堡。他对送别的员工说，要去一趟北京，去去就回来。癌症晚期的他兴许预料到了，这次出去，可能再也回不来了。

2014年9月27日，张贤亮病逝，享年78岁。

《大话西游》里，朱茵说："我的意中人是个盖世英雄，有一天他会踩着七色云彩来娶我。我猜中了前头，可是我猜不着这结局。"这句话是紫霞仙子说给至尊宝听的，或者是朱茵说给周星驰听的。

镇北堡600多年了，现在依然在变化。我们看到了开头，还不知道结局。

摄影_吴建新

風

2015年，苏阳在太原待见星空音乐节上表演。“我只是用我接受过的摇滚乐，和我接受过的民歌融合，最终还是一个宁夏人的音乐、一个中国人的音乐……世界化不是把所有的音乐都变成一种音乐、一种节奏、一种音色，世界化应该是有基本的血缘和表达方式，是属于你血液里的东西，然后再进行融合。” 供图_苏阳

和生命最密切的表达，才能抵达人心

撰文 供图 苏阳
插画 缪友楠

麦地里不长菜

1976年，我7岁半，跟着母亲从浙江到银川，一路坐船、坐汽车、坐火车，来回倒腾。到的时候是深夜，父亲用一辆“二八”自行车载着我和母亲从火车站回家。第二天早上我打开门，看到一个和我之前记忆完全不同的场景：一望无际的黄土地，全部是黄色的。

小时候住在氮肥厂的家属院，父母都在氮肥厂上班。家属院到氮肥厂之间，有一片田地，我经常打那儿路过。那片田不太肥沃，炎夏经常散发一股粪臭。黄昏炊烟起，能听到种地的人随口哼唱一些小曲，虽然印象不深，但我记得一定是宁夏本地的曲子。

有一天，我从田地经过。地头一座土房子旁蹲了个中年人，手里拿着一块馒头。他把我拦住说：“小孩，你家有咸菜没有？”当时我算是厂矿子弟，厂矿的人和本地的农民联系并不多。我有点警觉，快步走了两步。他看看我，再看看那片田，说：“我们实在是太穷了，我已经好几天没吃过菜了，你家有咸菜的话，给我悄悄拿一些。”我没应他。

我当时想：一个种地的，怎么会没有菜吃？后来大人们告诉我，他们种的是麦子，麦地里是不长菜的。这件事过去很久了，至今仍记忆犹新。

更接近土地的表达

大概1996年左右，我加入了中国摇滚大潮，在银川组了个透明乐队，一度表演得挺热闹。2000年初，我去了北京，当时的理想是成为特别厉害的吉他手。后来回银川见一个特别喜欢音乐的朋友，他喜欢听布鲁斯和爵士，我问他：“有没有比布鲁斯更原始的音乐听？”当时我看过一部美国电视剧《根》，讲美国黑人的故事，他们受尽屈辱时会唱起一些家乡的歌，我想听听类似的歌。

他说：“有一些田野录音，但估计你不太爱听这种音乐。”他找了一张给我，我拿回家一听，太好听了。不知道为什么，听到里头的清唱时，我忽然想起小时候路过那片田地时偶尔听到的农人哼唱的旋律，为什么他们有如此相似的地方？

儿时听到的曲调我基本想不起来了，只记得一句，因为它被传唱、改编了无数次，在宁夏，无论大人小孩都能哼唱——

宁夏川，两头子尖，
东靠黄河西靠贺兰山，
金川、银川、米粮川。

短短几句话，道出了宁夏的地貌和宁夏人真实的愿望。

后来我去了更多地方，才发现，歌里唱的"金川、银川、米粮川"，只有银川平原是富饶之地，它接受了黄河的哺育，贺兰山帮它挡住了内蒙古的风沙。中国最好的大米产自东北，黑土地长出的大米油性最大，接下来就是宁夏大米。宁夏的米为什么好吃？因为一年只产一季稻。16岁，我离开银川去西安上学，当时学校里吃的是糙米，我们这些宁夏娃娃一个个吃得饭量越来越大，却不见胖。过年回家，第一顿饭我只盛碗米饭吃，非常香，连下饭菜都不用。

但在宁夏的北部和南部，更多的地方常年干旱，远比我小时候经过的那片田地要荒凉得多。干旱地区的农民们在春天播下种子，然后等老天爷下雨，如果不下，他们就吃救济粮，几乎已成习惯。

这样的地方，地名却偏偏总和水有关系，比如"大水坑""喊叫水""草泥洼子"，我每次听到"喊叫水"这个地名，都觉得特别苦。缺水到了要"喊叫"的地步，为什么还叫"金川、银川、米粮川"？

我觉得应该有更接近于土地的表达，这样才能更体现民歌的意味，更接近民歌的本质。我就顺着它的原词编了另外的词——

糜子黄，山丹丹花开，
黄河的水流富呀么富两岸。
盼只盼那个吃饭不靠天。

后来编上副歌，编了第二段和第三段，变成了一首完整的歌。我的第一张专辑里，这首歌名叫《宁夏川》。

野与美

我开始写这些小曲子时，对花儿*其实还没什么概念。

花儿的歌词特别美，它很野，但其实都是韵文，它的修辞方法在我们今天的语言习惯里已经很难找到了——当然，在古诗文里很常见——赋、比、兴，《诗经》的三种主要表现手法。

（哎）袖筒里筒的是（哎哟哟啊呀）千里眼（呀），
（哎哟千里眼呀），远山（下来啊呀呀哎）照成（个）近山（呀）；
（哎）阿哥是孔雀（者哎哟哟啊呀）虚空里旋（呀），
（哎花儿尕连的手呀），尕妹子是（啊呀呀啊）才开的（个）牡（呀）丹（噫）。

"袖筒里筒的是千里眼"，这是一个起兴的手法，就是来劲儿了，来情绪了，在做铺垫。"阿哥是孔雀，虚空里悬"，这是一个比拟，同时也是一个互比。这个花儿

* 花儿是流传在中国西北甘、青、宁三省的民歌，因歌词中把女性比喻为花朵而得名。——编者注

2005年左右，宁夏盐池街头，在没有任何预告的情况下，苏阳走入人群，唱了几首歌　　摄影_惠冰

苏阳镜头里的银川。苏阳曾经坐了一个月的公交车，用从朋友那儿借的相机拍银川。镜头里是车站、匆忙的行人、风尘仆仆的人群。银川和别的城市一样追求日新月异，只有在此一辈子的老人，在儿女远行的时候会掉眼泪，年轻人则在谈笑间一日千里　　摄影_苏阳

名字叫《尕连手令》。

今天我们从小学习的语言系统，我们在唱歌、写歌时下意识用的语言系统，其实和民歌相差十万八千里。并不是说民歌的系统更好，而是它不一样。很多采集花儿或其他民歌的音乐工作者，总抱怨说没法儿记谱，因为它们没节拍。实际上并非如此，老祖先留下的节拍，是和彼时的语言相结合的，而我们现在用的节拍是节拍器，是全世界都在通用的量化系统。

为了多了解身边的民间音乐，尤其是花儿的真实面目，我没事就在银川周边的县城转悠，想多找一些民歌，多探访一些民歌手。我想了解这些语言、这种音乐形式和空间的关系，我想了解这些民间艺人到底怎么唱、怎么编歌词、怎么完成这些作品，以及他们的生活是什么样的。

生命的印迹

银川市的富宁街，拐弯处有一个小茶社，台上唱秦腔，台下一帮老头儿、老太太喝茶、打麻将。2003年，我常在那待着。有一天突发奇想，能不能在这里演出，会是什么效果？茶社老板也同意了，只要给他场地费。不知道为什么，我给那场演出起了一个名字叫“土的声音”。

演出当晚，我等的人没有来，隔三条街之外的居民、务工人员却全都来了，街道挤得满满当当，我在舞台上都能闻到从外面飘进来的莫合烟的味道。听完后他们还不愿离开，让我再加唱两首，但我没那么多歌了，就唱了七八首基于民间音乐创作的歌曲。

那场演出对我的触动很大。我发现我第一次离人群那么近，我唱的是那些上了年纪的人早就忘记的旋律，那天却以另一种形式进入他们的耳朵。后来他们中的一些人告诉我：“这都是我们年轻时听过的。”

于是，我开始思考，什么样的声音才能靠近我们的生活，靠近这样的人群——真实地生活着的人们。

我总想着能不能让他们——这些父老乡亲、我身边的人，都活生生地跑到歌里来，沿着这个思路，我把《贤良》里的歌写完了。《贤良》和后来的专辑、单曲，都没有在谈特别大的事情，也没有什么口号，基本上就是在说市井生活。

2004年，老狼把我介绍到北京去，后来签公司、发专辑。从此，我和银川离得越来越远。

银川实际上是一个特别年轻的城市，地理位置处于西北，但气质并不西北，倒是一个绿洲城市，依山傍水、小巧，有江南的气质。银川的饮食也很清淡，拉面的汤很清，不是兰州那种追求原汁原味的浊。

我不是一个进取心特别强的人，刚离开银川的那几年很不适应，经常以各种理由跑回去。时间长了，也就慢慢习惯了。现在我已经很难在银川逗留，每次回去都特匆忙，演出、谈事，两三天就离开。但我依然依恋银川，不是说有多深沉，而是我生命的印迹就在那里，我的家、对我来说最重要的人都在那里。

无论走到哪儿，某一刻时常会想起银川和在银川的日子。我在银川生活了20年，那

2016年9月，贺兰山音乐节现场。苏阳上场，全场开始大合唱，贺兰山下响彻着这片土地孕育出的独特旋律　摄影_王世海

除了音乐，苏阳专辑的视觉设计中也运用了许多西北文化元素

是我的过往。这和大部分人对故乡的情感没什么不同。而从生命段落来看，故乡对你的影响洗不掉，这是你的局限性，也是你生命的价值。你与众不同，因为你是那个地方的人。而我是银川人。

我不能永远是一个歌唱贺兰山的歌手

作品说明的是生活的印迹。我这十年的创作无非是——我们今天真实面临的生活是什么？怎样才能靠近今天的生活？

离开银川后，我反而能跳出来看西北。有段时间我一直在走穴，甘肃、陕西……一个县城一个县城地走，全都走遍了。西北对我的哺育，留下来了，我会不停地反刍我对西北的这种认识。

走到哪里就应该唱你看到、感受到的生活。我的情感永远是贺兰山，但我不能永远是一个歌唱同心路、歌唱贺兰山的歌手。我想要探索的是人和环境之间的关系和影响，这种互相影响里包含了很多信息——过去、今天以及人的变化。

2016年，我正式启动了“黄河今流”计划。这是一个扎根于西北黄河流域广袤土地的艺术计划，也是我十余年观察、思考

苏阳亲自设计、绘画的“黄河今流”艺术计划海报

和创作的立体化呈现。最初还是会从音乐出发，表现我所观察到的黄河的今天和当下生活的各个侧面；未来会随之而出很多立体化的艺术作品，用音乐去听、用视觉去看，用文字去描述，都可以。最终呈现的可能是一个综合的形式感的东西。形式本身就具备美感，而且也不仅仅是我个人的作品，更希望有其他艺术家加入进来。

2015年，我受邀去美国演讲，“黄河今流”在华尔街展览。我以贺兰山岩画为基础元素设计的海报挂在华尔街的外墙上，它和华尔街的整体气质非常不同，但又不违和、不冲突，这可能就是“世界化”。世界化不是把所有的音乐都变成一种音乐、一种节奏、一种音色，统一起来，而是有属于自己血液里的东西和表达方式，再进行融合。

不管是音乐还是其他艺术形式，只要它能被听懂、被看懂、被理解、被共享，就是一件很伟大的事情。我进行音乐创作的出发点和任务，其实并不是让更多人知道花儿这样一种民间音乐形式，而是让大家在听到我的歌时，觉得好听，唱进了自己的心里。而恰好，我用了一种和我生命相依的语言来唱，只有和生命最密切的表达，才能抵达人心。

在持续寻访、记录、研究西北民间音乐的过程中，
苏阳记录下了“那些花儿”的故事：

马风山

固原市张易镇红庄村，走了一长截子山路，马风山在山腰小路上等着，山上的小院子是他的家，几间平房，后面有一个小羊圈。

风山生于1973年，黝黑的脸膛、中等个儿，在花儿歌手里算年轻的，现在是个村干部。

在他家屋后的山坡上，风山亮开了嗓子，不像传统花儿的唱法那么多的尖音，他的嗓音已经有一点点胸腔共鸣的意思了，有歌曲的感觉。到底才四十出头，又在固原市里住得多，唱法比较新。

上去高山望平川，
平川里有一朵牡丹，
我有心下山摘牡丹，
心乏者摘了个马莲。

这个词儿是中国花儿的代表，后两句通常是：“看起来容易摘起是难，摘不到手里是枉然。”最经典的版本是朱仲禄的河州大令版，不过宁夏六盘山花儿是不讲令的，它就叫《上去高山望平川》。风山唱的不是大令的调子，而是我之前听过的《绿韭菜》的调子，风山说：“我给你唱个羽调的《上去高山望平川》。”我说：“什么是羽调？是不是羽调式？”他说：“羽调慢一点，角调快一点，调子一样的。”我才知道，在他的概念里，羽调和角调是速度的概念，羽调慢、抒情一些，角调追求节奏。说起《绿韭菜》，他就唱：

园子里长的是绿韭菜呀，
你不要割呀让它绿绿地长着，
阿哥是阳沟啊妹是水，
不要断呀，让它慢慢地淌着。
……

宁夏没有流传过这个曲调，我第一次是在王德贤老人处听到，我曾经问过王德贤老人这个曲子的名字，他说他也不知道。因为歌词里有“庄稼人，酒醉了时，在哪里安身着睡哩？”我说：“那就叫‘三个醉酒汉’？”王老汉说好。2012年，我也唱了一个版本，做了视频播放过几次，在台湾演出时也唱了。风山这个版本词中有了女性，我想下次再编一个版本，把风山的也结合上，是不是可以叫“三个醉酒汉和一个女子乏了在哪里睡”呢？

山上的风很硬，唱了一会儿，有点冷，就赶紧回到马风山家里，围着炉子取暖。风山的媳妇给我们做了洋芋面、红薯和甜萝卜。他和媳妇的婚姻是父母包办的，结婚前就见了一面。1999年结婚，两个儿子一个上初二，一个上小学四年级。旁边人告诉我：他媳妇当时是这一片长得最漂亮的。我说：“哎呀，你望去是马莲，还拔了个牡丹？”他又笑了。

我想和风山约下来年夏天的酒，但那时恐怕这个村子都要搬空了，他们很快就要离开这个生活了一辈子的村子，去中宁那样的川区生活了。离开红庄村去往西吉的路边，枯黄的土里，女人们在田里干活，这是立冬的第二天，正是收获土豆的时候。

马风山

王德贤

2008年的冬天，白杨树叶落一地。王德贤家山下的路口，一车砖停在那里，几个本地人正讨价还价。我们在一个小商店里打听“唱歌的王老汉”，商店的人都知道，给我们指了路。

王德贤原籍甘肃，年轻时已是远近闻名的歌手，1996年举家迁至银川贺兰县金山乡，现在说话已经有点宁夏口音了。

我迫不及待地想听他唱“八宝塬令”。“哎哟”一声拖音响起时，我心里有些颤。第一声长音比我听过的录音里的要细些，节奏更明快，第一声和第二声中间，他加了一个小小的波折，别有韵味。正唱到“三站给踏成个两站半”时，一个邻居女娃来买盐打断了，我说：“没事没事，从中间接着唱。”他又重新完整地唱了一遍，不如前一遍，略有些平淡。阳光很亮，从窗外直接打在他的脸上，一切像是被定格了。

哎哟——好马上披哈的好鞍子，鞍子上搭的是好褥子，褥子上骑的是人尖子，就生接呀皮毛的青边子。

哎哟——八宝啊塬上的火焰山，藏民们占了个黄草滩，甘州呀不干的水滩滩，就凉州吧不凉的米粮川……

这些年他一直没有改掉自己创作的习惯，有些自豪地对我说：“我编着（歌）呢，我来到这儿，这个地方叫金山，金山的西瓜特别甜，也唱一首——

哎，我老汉七十三，五十八岁的把家搬，甘肃了本地来到银川，现住贺兰着在金山，生产队里的哥们对我是很熟练，人人把我是叫的是唱歌的王老汉，我唱的歌特别得精，一唱歌是老的少的都爱听；

哎，各位那个同志来我熟练，种什么经济对我是有经验，金山的土质沙土甜呀，种哈的西瓜就特别甜；

哎，我把西瓜哈拉哈地到银川，银川的客人就最喜欢，我身子哈靠的个车上子，连吹带喧地拍腔子；

哎，我的黑子哟挠皮的红瓤子，吃上是甜地个甩脖子，老汉你吃了我金山的瓜，手里的拐杖就丢丢下，身体就一天比一天好呀，夜深三更想吃我的瓜……”

王德贤认为宁夏的花儿是从甘肃分家的，所以河州大令是花儿的来源。他唱了个水红花令：

水红花令麻雀着飞的儿欢儿哟，弓背哟上哟，

我的弓软着没射到靶上呀，

我的水红花的尕妹妹，

你还坐哟哥哥走哩要阿哥出门的个人来。

……

我说听不清歌词，他又说了一遍，却已经变成了：

麻雀落在弓背上，弓软着没射到靶上，你一句话说给着话儿哟——

我的心肺了上哟，我的腿软着没踩到凳上呀，我的水红花的尕妹妹，你还坐着——

哥哥去了你还看来呀你的米米们是憨敦敦个白牡了丹哟——啊

后面一段字他是一口气唱完的，我们鼓掌夸他气力很好。他有些得意地说："我这个气力还可以，坐着呢，站起来着气力还好呢，年纪软弱了，气力还没有软弱。"然后高兴地让我们抽烟，又说起白牡丹令，称赞朱仲禄，然后说起自己的苦，说有时候唱着唱着能哭下。

后来聊得高兴，王老汉要我和他喝酒，我说："第一次来，不好意思。下次，我带上酒来。"离开的时候，我们说会来经常看他们，他很高兴，他是当真的。他有一个结实的老伴，四个孩子，还有重孙子，我知道，他终将一直生活在这里，贺兰山下。他有土地，有家，有信仰，还有这么好的歌喉，我觉得他是个幸福的人。

王德贤

马少云

西吉县酸刺村，马少云的家到了。

马少云，东乡族，今年55岁，1985年就开始做生意，自己买车搞长途贩运，主要是贩些粮食到陕西、甘肃白银和宁夏银川一带。1991年当选为酸刺村支部书记，一直干了20多年。

他获了很多奖，是宁夏花儿自治区级非遗传承人，家里客厅的橱柜里放了厚厚一摞获奖证书，以及参加各种接待晚会的照片。

因为他的老母亲和女儿都在家，我们就到他家屋后面的山上去。

养下的一对牛哎，

长下的弯弯角，

拉上它去犁地，

把我的铧打破。

家儿里娶花妻子哎，

聋哑巴巴头擦破呀哈，

阳世上那个穷人多吗，哪一个就像我呀。

……

——《穷人歌》

他唱的《穷人歌》，也叫《小放牛》，我在盐池、西海固、甘肃都听过，五声音阶的典型。

哎哟，大路上下来了一对子，

哎呀阿哥的肉呀哪一个是阿哥的妹子，

我连喊了三声你头没有抬吔，

阿哥的肉呀我那达得罪了你了，

哎哟，你连我又不是一娘生吔，

阿哥的肉呀，我离过了咋这么想呢？

这首歌，两年前和马少云喝酒时就听过。当时乱哄哄的，是喝起兴以后的第二拨酒，刚端起来喝几杯，我就躺倒了。那晚的记忆已经模糊，就记住了马少云唱的“你连我又不是一娘生吔，阿哥的肉呀，我离过了咋这么想呢？”这次他老唱不连贯，说是因为我没有提前和他打招呼，他没事先整理好，“再一个，今天没喝酒，老是找不着感觉，干唱还有点害羞，要是喝着耍着，那就好了”。我想想也是，就说：“那咱们干脆去喝酒吧！”

我们回到他家屋里喝口茶，我请他唱下西吉版本的《十劝人心》，我那首《贤良》就是根据这个旋律改编的：

天上云多月不明，地下山大路不平，哎吆哎嘿哟哟，地下山大路不平。

一劝呀人心呀娘老子情，娘老子好了儿孝顺，哎吆哎嘿哟哟，高茶呀贵饭娘老子用用，粗米淡饭留子孙，哎吆哎嘿哟哟，粗米淡饭留子孙；

二劝呀人心呀弟兄们亲，弟兄们好了家不分，哎吆哎嘿哟哟，弟兄们好了家不分；

三劝呀人心呀先后们亲呀，大家和气最要紧，哎吆哎嘿哟哟，大家和气最要紧……

我第一次听人这样唱，当初我是看着旧书上的谱子编的，我说：“马哥这是你啥时候学的？”他说是1968年左右，放着牛羊，听村里人闲时唱的。那时人们生活条件苦，有啥唱啥，比如：“哎哟，阿哥的肉呀，我把清眼泪淌到个碗里……”一直到80年代初，田间地头唱歌的人还很多，走着没事也唱，歌儿一阵“花儿”一阵，现在都没人唱了。有些老人能记起调，但词都忘掉了。

天很冷，只有厨房里有炉子，我钻进去时暖和得一哆嗦。炉火温暖了一屋子人，面条正下在大锅里，马少云的老伴和女儿在案板上擀面，很安静。后来我们每人“呼噜呼噜”地吃了一碗热面，出门。

马少云

天黑后回到固原城，我们端起杯子喝了半个钟头，马少云一直在唱，他说：“我给你唱个耳环子。”

哗啦啦戴的是耳环子，
手上戴的手缀子，
腔子里叨的是银钱子，
你是哥哥的命蛋子。

我以前听海原的马汉东用这个调子唱过《拔胡麻》：“八月里来八月八，我和我王哥拔胡麻，哥一把我一把呀，我连我王哥并着拔。”在平原这个调子叫“瞌睡子调”，我在永宁县也听人唱过：“瞌睡多来瞌睡多，瞌睡来了由不得我，只盼着婆婆早些死，一觉睡到就晌午过……”后来我用这个旋律写了《发芽》：“日头出来月亮落，日出日落呀由不得我，把这热血凉水过，树叶难再树根落。”

酒渐深，后来我们都醉了，去了KTV。嘈杂吵闹的走廊，各房间里传出凤凰传奇的歌，还有《天路》《飞得更高》……马哥唱兴未艾，只要我们房间有人放下麦克风，他就端起杯子喝口酒，再用花儿的唱法唱流行歌。我终于也醉了，所以没记住他唱了哪些歌……

五十年回响『宁夏音』

撰文 曹萍波
插画 梁灵惠

宁夏坐唱表演中的演奏乐器：渔鼓（上）、三弦（左下）、简铃

自带曲艺天分

初见徐明智，他跟我想象中的老艺人形象有点不大一样，高、瘦削，言语不多，别人问一句，他就答一句。

1954年生的徐明智，是地道的老银川人，自小有曲艺天分。1965年，11岁的徐明智在父亲的支持下，报名了银川市文教局的暑假文艺训练班，因为成绩优秀被选中在汇报演出时独自登台亮相，表演快板《咱队仨老头》，获得了热烈的反响。在舞台上获得肯定，坚定了年幼的徐明智走曲艺之路的决心。

父亲是徐明智的第一个伯乐。训练班结束后，父亲花一元钱给徐明智买了竹板，让他跟人学快板。“那时候，我父亲每月工资才三十几元钱，为买这竹板，他一个多月没喝茶……因为我父亲经常去台湾、香港办事，见多识广，重视文艺，很乐于见到我学快板，每天还监督我练习。”

徐明智从小机灵，记性也好。“下了西门老桥坡，迎面看见两口锅，排水三担多，下米十三颗，拣了个饼子纸样薄。”这是20世纪60年代，不到10岁的他无意中听到一位宁夏民间艺人唱的段子。如今，光阴淌过50年，这些老段子徐明智仍记忆犹新，一开口，就能行云流水一首首唱出来。

徐明智的舅舅住在永宁县胜利乡，同村有个叫夏花花的艺人，走街串巷打着“随子”（撞铃）唱宁夏小曲。“跟瞎子阿炳一样苦命，大生产队时期，她带着两个女儿生活在公社盖的半间房里，人家叫她‘瞎花花’，后来为表尊重，就改叫‘夏花花’。”20世纪五六十年代，人们的生活困苦不堪，夏花花的传唱给当时的人们带来不少乐趣。社员们开会时，她也会给大家唱上一两段助兴：“缝纫机要锁边的，自行车要冒烟的，手表要带日历的。”准能把人们逗得哈哈大笑。

“今天还健在的老银川人，也许大多数都见过她吧，至少听过她的小曲，尤其是那首《兰花花》，那个凄凉和悲悯哟。”回忆起夏花花，一直正襟危坐的徐明智，身体略微松弛下来，叹了一口气。

从宁夏小曲到宁夏坐唱

严格说来，宁夏小曲其实是宁夏坐唱的前身。

20世纪70年代末80年代初，宁夏小曲在地方十分活跃，徐明智等人通过对其整理挖掘，逐渐发展出宁夏坐唱这种曲艺形式。当年才20多岁的徐明智，遇到了民间艺人闫禄，两人一拍即合，开始表演坐唱。《年轻的老汉》是他们的第一个自创剧本，在银川体育馆演出时，场面火爆，徐明智和闫禄在观众热情的掌声中一次次返场。时隔多年，人们才知道那次演出的意义——“宁夏坐唱”第一次进入公众的视野当中。这种演唱是以浓郁的宁夏方言为底色，独具幽默感且真实感人，在娱乐匮乏的70年代，一经登场，便大受欢迎。

因为内容笑料迭出，演唱方式“亲切得像和邻居话家常一样”，宁夏坐唱一度风靡，表演常常座无虚席。“坐唱和小曲一样，采用的是我们宁夏地区的方言，这是区别于其他曲艺的重要标志。银川有天下人，所以各地的语言习惯也都在此融汇成特殊的地方方言，诙谐幽默，这是坐唱最具独特性的地方。另外，坐唱的内容来自民间，唱的多是基层老百姓的生活，这也是宁夏坐唱会被老百姓喜爱的原因，大家觉得亲切。”徐明智说。

从发掘到弘扬宁夏坐唱，近40个年头过去了。在徐明智位于银川市文化艺术中心的办公室里，几把弦子（三弦）虽已老旧，但仍显得整洁光亮。徐明智常常站在那把他最早拥有的、而今只剩下弦子头的三弦前，回望过去：“我这大半辈子，走发掘、整理并弘扬宁夏坐唱的这条路，怎么说都值了吧。”让徐明智颇感无奈的是，许多人似乎觉得，宁夏坐唱只是他在舞台上灵光一现的产物，却忽略了他在这背后数十年如一日的艰辛和坚守。

虽然直到1981年，在官方的舞台上才正式把这种民间演唱形式称作“宁夏坐唱”，但对于宁夏地方曲艺的发掘，徐明智从少年时代就开始了。

宁夏小曲被认为是宁夏独有的曲种，至今，一些经典的宁夏小曲，他还能倒背如流，诸如《风搅雪》《三子分家》和《抽洋烟》等，他觉得这些老曲目艺术价值很高，只不过随着时间的流逝，能表演出来的老艺人已渐渐离世，这常常使徐明智觉得，自己很有必要抓紧做点什么。“从耳濡目染宁夏小曲开始，到产生疑惑、自主学三弦，这是一个漫长的过程。但执着往往是做成一件事的第一要素吧。”

“纯粹的模仿是永远走不到前头的，宁夏小曲如何继续弘扬的道路？”思考着这个问题，徐明智开始摸索求进。工作间隙，他拜自治区秦腔剧团的张淑珍为师，学习三弦。“那时一把好的三弦要260元，我买不起，就找了两把破弦子，愣是拼成了一把能用的。”

三弦学成，徐明智开始从音乐、乐器和表演形式方面，对宁夏小曲进行规范。譬如过去的宁夏小曲多为多句叠唱的单曲式，多句唱词使用一段音乐重复循环演唱；而宁夏坐唱则通过对唱词感情的揣摩，再对应以不同的配乐，这样就更好地抒发了唱词蕴含的情感。表演时，始终是坐姿，二人合演，形成逗哏和捧哏的关系，并加入分角色摹声表演。演奏乐器方面，过去宁夏唱小曲的艺人，使用伴奏乐器的随意性很强，没有固定乐器，如民间说唱艺人夏花花使用撞铃伴奏，张玉贵使用三弦，还有很多说唱艺人使用简板、二胡、板鼓……而宁夏坐唱，开始对伴奏乐器进行了一定程度的规范，以一人弹三弦边伴奏边说唱，另一人手执渔鼓和撞铃为基础形式。徐明智还将撞铃和数花*常用的简板加以结合改良，方便又实用。

活力和创新

宁夏坐唱历经30多年的风雨，徐明智的搭档也换了不少，从老艺人闫禄，到年轻人张茂起、赵杰，眼见着能表演坐唱的演员越来越少，忠实观众们的年龄越来越大，徐明智心里的危机感与日俱增——宁夏坐唱的未来在哪里？如过去思考宁夏小曲的出路一般，他也开始考虑宁夏坐唱面临的改革创新问题。徐明智不希望地方曲艺被看成是只有老一辈人才喜欢的陈腔旧调，于是给儿子徐晨下了任务书："这是市场，你得挖掘和注入你们年轻人的活力，去想办法创新！"

* 宁夏地区广泛流行的一种民间演唱形式。以"数"、唱为主，节奏、表演、舞蹈为辅。要求有板、有眼、有韵、有辙、有腔、有调。表演者手中所持的乐器叫作"数花板"，演唱时跟随节奏用两边的竹条夹击发出声音。

今年26岁的徐晨，音乐学院科班出身，外形随父亲，高大俊朗。这些年，有无数的人找过徐明智，想要学坐唱。"当年师父教我时，让我在冰天雪地里练习，就是想告诉我，要把一门曲艺学精，是一件得下苦功夫的事。现在的孩子娇生惯养，吃不了苦，又不能责骂。有学成的，也因为生计问题改行了。"现状让他一度丧失了信心。迫不得已，他想到了自己的儿子徐晨。"自己的孩子自己教，有做得不对的地方，责骂也不怕人家说，再好不过了。"

父子俩一合计，在音乐方面不断注入新元素，在吸收宁夏小曲的基础上，借鉴西北"花儿"，甚至还增加了摇滚乐、现代音乐的元素——"我们也开始利用混音，制作Midi。"就表演形式来说，两个人始终坐着唱相对平淡，就让助演演员加入，在某些桥段可以站起来配合表演，甚至加入了舞蹈的元素，增强视觉效果。这样一来，宁夏坐唱增加了更多现代感，希望以全新的面貌吸引更多年轻人的关注。

这些多少让徐明智感到宽慰，虽仍势单力薄，但自己毕生钟情的艺术，毕竟有了后来人。

特殊的徒弟

除了儿子徐晨，徐明智还有一个特殊的徒弟。

六年前，金桂珍头一回遇到徐明智，正处在她人生最低谷的时候——一个人人称羡的千万富翁，一夜之间倾家荡产。在她的印象里，那是一个冬天，宁夏大地彻骨的干冷，有无数个瞬间，她想过要自寻短路。

学习弹三弦是大部分艺人学习宁夏小曲的开端。每次抚摸着那把承载着自己与曲艺难舍难分的青春岁月的三弦，徐明智眼里都满是珍惜之情
摄影_陆宇堃

宁夏坐唱表演中的演奏乐器羊响板

但是强大的生存意志告诉她，钱虽然没了，日子还得过下去。金桂珍从小就喜欢表演，一家七个女儿，她排行老四，父母跟外人介绍她，总说“我们家小四，最爱臭美”。拜徐明智为师前，在金桂珍眼里，师父是可望而不可即的大人物。经人介绍，金桂珍开始向徐明智学弹三弦。一开始，全家人都不理解她。但金桂珍不怕，一有机会就在家里关着门练习，正是这种热爱和韧劲打动了徐明智：“在舞台上，它就是真诚，就是感染力。”

在金桂珍的记忆里，打从她第一天向徐明智拜师学三弦起，他就没说过一句重话，“弹错了，师父就耷拉一下眼睛，叫我休息一会，也不教训我。师傅善良，他知道我面皮薄，不忍笑我。”金桂珍的宁夏方言说得地道，舞台表现力也好，徐明智觉得她是可造之才，故倾囊相授。金桂珍觉得，自己前半辈子历尽风波，后半辈子遇到了这么个老师实在是福气，与宁夏坐唱的机缘邂逅，让她逐渐放下过往，重新热爱起生活。

除了教徒弟，如今已63岁的徐明智依然活跃在舞台上，腰板挺直，走路时像一阵风，丝毫不像年逾花甲的人。没有演出时，徐明智和儿子几乎每天都在银川市文化艺术中心的排练间里，从事着只属于他们的艺术创作。每次只要把三弦往怀里一抱，父子俩就有一种不容打扰的认真。排练间外，人语声、车流声、广播声，纷扰繁杂，但似乎从来都跟他们无关。

贺兰山口消失的村庄

撰文 摄影 邬志斌

自古以来，贺兰山就把内蒙古腾格里沙漠和宁夏银川平原分隔开来，山外是牧业文明，山内是农耕文明。贺兰山东麓贺兰县洪广镇金山村，就处在这两种文明的交汇处。金山村只有12户人家，村民世代以放羊为生。与村民相伴至今的还有山口崖壁周围数以千计的岩画，那是古代少数民族史诗般游牧生活的画卷。

2002年4月，作为国家级自然保护区的贺兰山开始封山禁牧。同时，为了保护岩画，山区的村庄要整体搬迁至平原地区。这意味着金山村的村民不得不放下手中拿了几辈子的鞭子，去面对完全陌生的农田，祖祖辈辈传下来的畜牧生活方式也将彻底终结。

这些图片记录的是14年前平静小村落的日常生活以及搬迁时的片段。如今，这个与岩画为伴的村庄以及牧羊人的日常生活都已成为历史，这些图片也成为当时历史的缩影与见证。

贾明仓16岁从甘肃来到金山村当羊倌至今。每年一开春他就赶羊上山，直到秋天下山。他皮肤黝黑，在阳光下如同一尊铜雕。对于将要搬迁的消息，贾明仓这样回应：“放不成羊我就回老家，娶媳妇！”

金山村的羊倌贾明仓正在仔细清点羊只，他几乎给村里每家人都放过羊，早晨出圈，傍晚牧归，17年来从没丢过一只羊

喝茶的羊羔

山泉小溪从村中流过（上）

村童站在龙王庙墙上瞭望牧归的羊群（下）

羊倌的住处，由石头堆砌而成，像个方形堡垒（上）
村口百年古桑树下收羊绒的贩子（下）

倔强的山羊羔

村民陆续搬下山，羊大多廉价卖了，剩下的暂时放养在早已废弃不用的村北老羊圈。下雨导致老羊圈坍塌，砸死了几只羊。羊倌说，这个羊圈镇不住了，得请圈神爷。村里65岁的方兰英被请来重操旧业，做法请神。方兰英早先以卜卦、看相为生，算是方圆十里的名人。年纪大了，时代变迁，方兰英也几乎被遗忘了

舐犊情深——老羊倌和孙子

取水的父子——范金宏和儿子范利，摩托车是山里家家必备的交通工具

“山长”贺吉德在村口宣读有关搬迁事宜，动员村民启动搬迁（上）

范存孝家的老房子正被拆。搬迁期间，范存孝与另一个村民拉了一车石头下地基，离开的路上发生车祸，两人死亡。因为车上装的一块石板是村里空置了多年的“鬼房子”的构件，目击车祸的村民坚持说，“鬼房子要了两个人的命”（下）

雨来了，等待搬迁的村民在树下避雨（上）
离山口最近的俞保江拆掉了砖房，最后一车拉走为老父亲延寿的棺木（下）

搬迁那一年的中元节，贺兰口的村民们又上山了，他们聚集在龙王庙——不过是一所坐落在村外的土房子，献牲畜、烧纸钱、敬山神。仪式中，所有人齐刷刷跪下，一名长者面对一扇土墙高呼：“爷爷啊，全村老少都给你来上供，你多多地下雨，让草旺旺地长，保佑我们贺兰山口人畜兴旺……”

年轻人拾来柴火，在百年老桑树下用石头支起一口大锅。老乡提来两只羊羔，先敬龙王，再敬山神，郑重其事。村民们用祭祀向故土家园做最后的告别

老羊倌夫妻在自家羊圈前合影留念

老人是最恋旧的，临别依依，照片中装满了关于老房子的回忆

2003年5月政府封山禁牧令下达，村民将最后一群羊赶到山下

摄影_董宏征

物

银川平原如同一个绿色的岛屿，成片成片的稻田如翠绿的绸缎铺展开来。黄河冲积、沉淀出肥沃的土壤，纵有“天赐美地”和丰富的水源，要成就这片米粮川，还离不开2000多年水利设施的建设和不断完善，以及历代人民精心而艰辛的营造和维护
摄影 徐胜凯

鱼米之乡，黄河滋养的米粮川

撰文 许君达

银川地区的大规模农业开发始于唐代重修唐徕渠之后，种稻排碱法开始广泛推行，黄河提供的足量水源，让北方原本少见的水稻在银川平原脱颖而出，成为主要作物之一。这是银川平原种稻传统的起点。人类在这片黄河滋养的土地上创建家园时，水稻体现出了对环境最强的适应性，也最好地满足了人类的需求，因此，它才成了这场自然选择的优胜者。

西北鲜见的稻花香

要欣赏宁夏平原的美，最佳的角度是在即将降落银川的航班上。飞机钻出混沌的云层，最初看到一片混沌的土黄色，从斑驳的黄土高原向平缓的鄂尔多斯南部荒漠过渡。再降低到一定高度，一片绿色毫无预兆地闯进视野，中间一条黄色的飘带穿行——那是黄河。继续下降，可以见到绿色地平线尽头处兀立的贺兰山，山与河之间，银川城被绿色的田园和反光的水面包围着。

从卫星地图上看，银川平原像一个绿色的岛屿，漂浮在灰黄相间的荒凉底色中。绿色的植被可能是草场、森林，更多的则是农田。让四面荒芜之地变成人类的理想家园，这是黄河的功劳。

银川平原本是一个远古大湖的湖盆，中部低平的地势和平缓的坡度让黄河水有机会自在漫流，不被约束在狭窄的谷底，从而冲积出一片水草丰美的平坦土地。最初居住在这里的人们将其用作天然牧地，到了汉代，农人们开始利用自然坡降的地势挖掘引水渠道，引导黄河水自流到两岸更宽广的地方，浇灌农田。

与一般的荒漠绿洲相比，银川平原除了地形上更具庇护感，最大的特点当属水资源丰富。银川平原与邻近的河西走廊气候相似，年均降水量在200毫米左右，蒸发量几乎10倍于降水量，本不是宜居之地，只能依赖过境的河流提供生存用水。而滋养河西走廊的三大内陆河相对“纤弱”，来水量的极限抑制着适宜生存的范围。相较之下，黄河给银川平原带来的水资源可以说是极为充裕。

当然，良好的自然条件并不意味着不劳而获。相反，在进入工业时代之前，作为人类生产力的最高体现，配套有完善水利设施的优质农田必须接受最精心的营造和维护。

从银川市中心南北纵穿的唐徕渠水位高出两边的地面，逢春夏季节，满渠的黄河水从垫高的堤岸护坡间向北流去，岸边的生态公园里花红柳绿，行人漫步其间。

很难想象如果没有唐徕渠，银川会是什么样子。汉代最初开辟的古老灌区位于卫宁平原和银川以南的青铜峡出口附近，当时的耕作方式也比较粗放。如今银川地区的大规模农业开发始于唐代重修唐徕渠之后，有了唐徕渠带来的稳定水源，银川附近洼地的洗排盐行动才得以进行。

今天的永宁—银川—平罗一线区域位于上古湖盆的底端，地质沉降最为显著，因而地势低洼，地下水水位很高，自然涌出便潴水成泽，而且地下水含盐度高，难以直接利用，《史记·平津侯主父列传》中记载，汉武帝的得力顾问主父偃曾形容其“地固泽（咸）卤，不生五谷”。

古人总结出改善土质的方法：灌、排、洗、淤。具体来说，就是将黄河水引入田中漫灌，再排走。大量的淡水会将土壤表面的盐分溶解、冲走；漫灌时一部分水会从土壤缝隙中下渗，进入地下水层，这样也能把地下的深层盐碱压下去，使之不再随着水分蒸发而被带上地面。水带着盐排走后，水中携带的泥沙又留在田地里层层淤积，这些泥沙都是上游肥沃的表层土壤，对改良土壤效用显著。

也正是在唐代重修唐徕渠后，种稻排碱法开始广泛实行。水稻有一定的耐碱性，种水稻时从漫灌到排干的程序也与土壤脱盐过程相似。黄河提供的足量水源，让北方原本少见的水稻在银川平原脱颖而出，成为主要作物之一。这是银川平原种稻传统的起点。

此外，银川平原夏天日照充足、昼夜温差大——这是产出优质农作物的充分条件。而漫长严寒的冬季则决定了这里一年只能一熟的物候节律。总产量虽然受限，但作物有了更长的生长和成熟期，得以从肥沃的土壤中吸收充足的营养成分——这是保证高质量的必要条件。充分和必要条件的结合，让银川平原能够产出质量上佳的水稻。

宁夏川上，有西北少见的稻香。“天赐美地”只是一个有利条件，但绝不是唯一的原因。人类在这片黄河滋养的土地上创建家园时，水稻体现出了对环境最强的适应性，也最好地满足了人类的需求，因此，它才成了这场自然选择的优胜者。

吃饭不靠天

清明过后，银川平原迎来了今年第一丝暖意，村民老高开始盘算今年的农活。封冻了一冬天的地已经翻过一遍，只等上一遍底肥后开始种下玉米种子，但施肥和播种所需的大型农机还没联系好。原来一直保持合作的农机手要去西安办事，只能另寻能人。老高看着一个陌生的名字和电话，没有着急拨通，而是先去村里小卖部买了两条自己舍不得抽的玉溪烟作为见面礼。

回家的路上，老高盘算着今年的投入：种子、化肥价格比去年稍贵了一点，今年轮种的玉米是喜肥作物，虽然能比水稻少施一轮肥，但用肥量总数甚至比水稻还略多，加上手里拿着的这些零七八碎的“投资”，总的投入比去年种水稻高。

桌上开着的收音机中正好传来宁夏歌手苏阳的歌《宁夏川》：“糜子黄，山丹丹花开，黄河的水流富呀么富两岸。盼只盼那个吃饭不靠天。”老高不懂得歌词中的艺术手法，听了只是皱眉：“糜子、山丹都是西海固产的，我们这儿可没那么艰苦。”

在丰饶的银川平原，吃饭靠地，不靠天。只要庄稼无病无灾，旱涝保收没什么问题。让老高有点发愁的是，玉米没有水稻好卖。水稻的保护性收购价比市场价高，一亩地千把块钱的收入比较稳妥。但玉米收购已经放开了定价，价格会随着市场行情而波动，前些年价高、收益高，现在库存量过剩，价格就掉得厉害。

老高和银川平原上的千万农民一样，都在自觉地传习着一种“稻旱轮作”的生产方式，简单来说，就是一年种稻，一年种旱地作物。一年一季，稻旱轮作，两种耕作方式结合起来既有利于涵养土壤的肥力，也能保证有稻田水灌地压碱。

宁夏冬季严寒，冬小麦无法生长，只能种

质量不够好的春小麦，因此速生又省工的玉米便成为普通农户旱作的首选。如果不考虑收益，老高还是更愿意种玉米。

年岁渐长的老高对管理稻田开始感到有些吃力，去年一年的操劳让他一整个冬天都没缓过劲儿来。

相比机械化程度高的旱地作物，水稻种植费工费力。

每年4月下旬播种后，就开始放水灌田，日常的除草、寻护工作都要蹚进冰凉的黄河水中，对关节的损害很大。施肥的事也磨人，除了播种前的底肥，水稻还需要最少两次追肥：5月底6月初的“返青肥”有助于秧苗拔高、加速生长，这时的水稻正在发育植株，看起来像一丛丛嫩绿的韭菜；到6月中旬，苗株定型、进入分裂期，种子胚胎开始发育，又要再一次施肥，这次追肥要把握好时机，早了晚了都影响吸收，当地农谚“有钱不撒7月肥”，说的就是这个道理。待到夏天过半，才有可能稍微放松一下。

8月初，水稻开始抽穗，标志着植株顺利长成、劳动果实开始出现。此后的5～7天是抽穗的安全期，8月中旬前稻穗基本长成，就可以放心地进入灌浆期了。此时，只能期望上天恩典，保持低湿度天气，不要在抽穗期下雨起雾，更不要出现大风、冰雹，压倒好不容易长成的稻子。再过一个月，金黄的稻田就会出现，一年的劳作也接近尾声。

眼下，老高还有一档要操心的事。4月18日左右，即将开闸引黄灌渠，他要抓紧去生产小队负责人那儿上报自家的田亩数量，用以计算水源配额。

银川平原的灌渠系统十分复杂，从干渠开始，经过支渠、入村入田渠层层分水。现在本着节水的原则，每个层级都要计算用水量，有计划地把黄河水分配给各市县乡村。

“再过两年干不动了，干脆把土地流转出去靠吃租金生活算了。”老高时常这么想。

他和其他留在村里务农的乡邻都在一年年变老，下一代年轻人基本都离开农村，到城市谋生，种田的老本行难以为继。

在政府的鼓励和推动下，越来越多农民参与了土地流转：把自家的田地租给有资金、有能力的大户或合作社经营，自己外出打工或留下当职业农民，在大户老板那里干同样的农活，只是收成不归自己分配，像工人一样按期领工资。

永宁县的种植大户老袁也在盘算。他自己的有机水稻种植基地经营得还算不错，但从日常管理到技术培训，从品质把控到开发市场，一切事情都得自己亲力亲为，一直没有找到一个合适的帮手。

为了增加土壤肥力，老袁尝试在稻田里养蟹和鸭，它们以害虫和杂草为食，排泄出天然肥料。蟹和鸭在水中活动，带动水流，有助于疏松土质，翻起深层土中的营养成分。田中地垄和小路上会种一些油葵，吸引鸟类啄食以保护水稻，剩下的成熟后也作为一部分收入来源。加上养在排水沟中的鱼和放养在地头的鸡，老袁基地里的土地利用率能达到95%。

为了防虫，田地四周设置了诱杀装置，一种能释放主要害虫性激素成分的带电网，可把雄虫吸引过来电杀之，使其种群无法繁殖。当然，这样并不可能完全避免虫害，但能把损耗控制在合理的范围内。

这样的有机种植地，产量比普通农田低一些，但经济效益可观。老袁算过，他的地单位面积效益是普通农户的8倍。

老袁对“农业现代化”的概念深信不疑。他在县里的帮扶下，通过流转土地慢慢建成了一个大规模的生产基地，除了支付土地租金，还鼓励流转户在他的基地工作、入股，让他们每年的收入不低于自己的种田收入。同时，聘请专家和技工为他提供技术支持。

人员和年龄是最大的制约。包括老袁自己在内，全公司上下从管理层到打工者，平均年龄接近50岁。农村的人才流失太严重，老袁希望用优厚的待遇留住人，但有文化的年轻人还是更愿意去考公务员。

他与县农技推广站的迟主任聊天时说起这事，迟主任说：“这可不是老袁你一家的困难，县里十几家类似的种植基地，去年只有一家招来了一个坚持时间还算长的年轻人。”

“多长时间？”

“半年。”

盐碱地因鱼新生

入冬后，贺兰县养鱼户老张刚刚卖掉去年最后一批“库存”——两万斤草鱼。倒不是市场不好，而是他有意把去年的鱼养过了冬，避开秋天大量鲜鱼上市时的价格低谷，等到开春再“反季节”卖鱼。这样一来，利润颇丰。

冬季西北地区市面上的活鱼很少，除了供应银川，附近大城市兰州、包头、西宁的客商也纷纷来找老张收鱼。只有老张这种实力比较雄厚的大户才能担负得起这样的“捂盘惜售”，资本不够充足的养鱼户只能在收鱼后尽快卖出以保证资金流转。

相对传统农业，淡水鱼养殖是一门高投入、高风险，当然也相对高收益的产业。

等大塘里的冰完全化开，老张就要开始新一轮的忙碌。鱼苗分批投放进池后，每天要消耗2吨饲料，单就硬性成本，每亩塘每天就要投入近9000元钱。

全部生计都维系在这一方方鱼塘里，老张和其他老养鱼户一样睡眠很轻，只要鱼在塘内，他们基本没有安稳觉可睡，夜里有点动静就会马上醒来。

对老张他们来说，最大的风险在于鱼塘缺氧。塘里的鱼密度很高，如果水体含氧量下降，就需要尽快开启增氧装置，否则一个塘里几万斤鱼会在两个小时内无一幸存。影响含氧量的因素非常多，6—8月是鱼的生长高峰期，闷热、雷雨、低气压、长时间的阴天等都比较危险，就算天气正常，到了后半夜光合作用最弱时，也会有低氧的风险。虽然早已有了实时监测系统，对水温、含氧量、鱼的吃食情况和活动情况都能实时掌握，但老张还是觉得眼见为实，尽量亲自巡护。

宁夏人本无吃鱼、养鱼的传统。银川地区的水产产业从无到有，再到如今行销整个西北，不过30年时间。它的源头是一个代号为“WFP-2814”的项目：1986年，联合国世界粮食计划署批准将银川市列入“利用低洼荒滩发展淡水渔业援助项目”，鼓励在无法垦殖的盐碱地上开塘养鱼，每开发一亩水面，援助食品和资金折合300美元。

银川城北至平罗湖塘密布的低洼地带，富集着高碱性的地下水，正是银川平原上盐碱化最严重的地方，大片土地无法利用，农民只能选取状况稍好的地块间隔耕种。养鱼，让这片盐碱地获得新生。

冬天尚未走远，清晨的寒气经常把这片多水的低洼地装点得浓雾迷茫。对养鱼户们来说，这也是需要特别关注鱼塘水中含氧量的危险天气。

家住包兰铁路边的段姐早早起床去巡塘。

段姐家的鱼塘占地约100亩，鱼集中养在7个各自不到100平方米的水泥方池中。池子一端有扬水机和制氧机，人工制造水流，让长条形的鱼池中保持活水状态。活水能使池中鱼保持运动状态，让它们体质更健康、肉质更好。扬水机的参数经过细致的计算，水流有足够的力量冲走鱼池中的粪便和残饵，并通过自然阻力的减速，使污物准确地沉降在鱼池末端的集污池中，再集中抽出，如此，养鱼的池中保持了清洁，也节省了人工。

这种鱼池养殖密度极高，一池水的蓄鱼量可达3万斤，所以池中清洁非常重要，流动和循环是保持水体洁净的最佳办法。鱼池外的大片水塘与鱼池水体相通，塘中间堆砌一座人工岛，把大塘水面隔成一个环形，通过鱼池端的扬水，让水流沿着这个环形缓缓流动起来。

鱼池外的水体称为“养水区”，只散养一些能起到净化作用的花白鲢，水在这个宽阔的区域内“休养生息”，待循环一圈回到鱼池入水口时，已经得到了充分的净化。这里的养殖用水同样来自黄河灌渠，在灌溉用水计划量逐年紧缩的情况下，这种能避免大规模换水、带有自净功能的养殖系统极大地降低了用水量。

这套体系还可以更生态。在灵武市，已经有养鱼户开始用集污池中的废料、废水在自家的生态田里堆肥、浇地。再下一步，他们还准备尝试从不施化肥、农药的生态稻田里收集灌溉剩水，返还鱼塘。这一步如果成功，水资源即可在一个稻鱼共存的生态系统里真正大循环起来。

吃在银川，当粗犷遇见细腻

撰文 王西平
插画 孙群萃

羊肉，游吟诗和边塞诗

如果时光倒流到10年前，银川文人雅士想必非常熟悉这样的场景：一位特立独行的广西诗人游走于银川平原，作为一个在银川做房产策划的汉子，他既不穿西服也不打领带，长发飘飘，卷须漫散，整日啖以肉食，优哉游哉。这哥们就是国内著名的70后诗人、地理作家安石榴。那时候，每逢周末我们都相互串访，兴致上来邀三五好友，提一只羊腿，拎一口大铁锅，撮上一把盐，怀里再揣一瓶银川白，登上贺兰山滚钟口，取山泉水，煨塞上美羊，大碗吃喝，生活瞬间被映衬得活色生香。

安石榴曾说：“银川的羊肉如同偷偷加入了吗啡，总是使人欲罢不能，而其暗里所起的副作用就是增肥。这是一个挟带在美好中的身体异变信号，在银川的这一段时间，我已经明显地察觉到了这一信号的兆示。不过，我想每天吃一头羊都不成问题。”

有意思的是，当安诗人离开银川远游南国时，已经大腹便便。后来我们经常通话，他时不时提及银川的羊肉，电话里跟我说：“只要一想起银川的羊肉，口水就不由自主地流下来……”

与银川羊肉有渊源的诗人还有祁国。2009年前后，银川举办的一次诗会，祁国作为中国荒诞派诗人应邀光临。离开银川后，祁国念念不忘这里的美食，亲自操刀为银川羊肉写了一首诗——《在宁夏经常想到的几个词》：

羊，羊肉，羊肉串；
西夏，西夏王，西夏王酒。

别瞧这诗非常简单，读来却朗朗上口，在银川流传至今，成为文化界美食聚会时必诵的一首诗。

如今，银川羊肉早已名声在外。来银川的游人，首要目的就是冲着风味羊肉而来。在银川平原这块背靠贺兰山，东临黄河的广袤土地上，戈壁滩、沙碱地、沼泽湿地、无污染的草场……都是大自然赐予当地生灵最佳的“草面包”，这大概是这里的羊肉如此闻名的原因，尤其盐池县麻黄山乡一带，其羊肉因鲜明的地域特色而备受推崇。但如果你问宁夏的诗人，哪里的

羊肉好吃，除了盐池县，他恐怕还会给你推荐贺兰县金山乡的羊肉。

这跟一个叫黄山的人有关。黄山是宁夏第一个将都市饮食理念引向贺兰山自然生态体系的人，每次宁夏诗人们策划诗会，黄山都主动邀请他们上山，品尝他亲手烹制的金山羊肉。诗人们就着花卷、蒜瓣、醋汁，吃得香汗淋淋。

值得一提的是，诗人吃黄山的美味，黄山分文不取，但聪明的黄老板提出了一个条件，那就是希望诗人们为贺兰山赐诗文。此乃大善之举，也正中诗人下怀，一碗热腾腾的羊肉下肚，趁着酒兴，诗人们围着篝火，吟诗赋歌，不亦乐乎。

在黄山看来，宁夏盐池的羊肉固然好吃，但贺兰金山羊肉也并不逊色，而且其清炖之法，最能代表银川平原的饮食风格。

当然了，要吃金山羊肉，建议还是到金山乡去。银川市区到金山驱车也就半个小时。我曾经参加一次车友野外聚会，因为是事先联系好的，所以农家的主人早早宰了两只羊，炖了两大锅。盛到碗里，肉色白嫩，汤色清亮，主人称金山的清炖羊肉有名，是因为金山乡位于贺兰山下，水质非常好，且远离都市，草料绿色环保纯天然，再加上当地人古法演绎的烹制手法，最大限度地保留了金山羊独有的鲜香。

如果把塞北大漠上的羊肉比作一首诗，那金山乡的清炖羊肉就是一首清秀婉约的游吟诗，而手抓羊肉则是一首粗犷的塞外诗了。

手抓羊肉是银川平原上家家必备的传统菜，每逢重大节日，老百姓都会宰羊，烹煮手抓，有时也会几家人一起合宰一只羊，按人头分成几份，一起下锅煮，煮熟后再各自拿回家。

手抓羊肉分冷热两种吃法，但就其烹饪手法来追溯，当然是热法先于冷法。

宁夏热法手抓源于吴忠，精于吴忠。关于手抓大师，我首推白生福和金彪两位，白生福在1949年之前曾担任马鸿宾小灶厨师；金彪生于1915年，是吴忠贾死狗饭馆的掌勺厨师。金彪在手抓羊肉的烹饪技术上，注重刀工，擅长火工，他的徒弟丁耀堂在他的技艺基础上又有精进。

有一段时间，由于工作的关系，我和丁耀堂的一位嫡传徒弟走动密切，他曾经给我介绍了手抓羊肉的烹制方法，让我记忆深刻：先将整个羯羊肉砍成四件，打断肋骨放在冷水中泡一个多小时，洗掉血水。投入冷水锅中，用小火煮开，撇掉沫子，入小袋装好的调料，煮熟捞出，将熟肉剁成小块装盘。蒜泥用醋搅开，浇在熟肉上，或蘸汁吃。在他看来，饮食发展到当下，所谓的秘方其实早已不存在，不论是金彪，还是丁耀堂，一代代传下来的不是什么秘籍，而是一种烹饪精神，一种古来已久的食法与态度。

2000年以来，除了传统的羊肉手抓热食法，银川一些餐厅还悄然流行起了冷手抓。依我来看，这就像一首诗的两种吟诵方法，只是在气息和基调上发生了一些改变，但归结到底，在食材的选择上都遵循了同样的原则：追求上好的肋条。而且受白生福和金彪精于刀工的影响，时至今日，银川人烹制手抓羊肉，会注重把每一块肉都精心修整成长条形，外层肥肉，内层瘦肉，吃的时候，蘸着醋汁或椒盐，或者就着生蒜片，那才叫一个过瘾！

面食小隐于市，粗犷中的醇厚鲜香

一座城，半碗面半碗米。银川平原上的大多数本地人都是中午米饭、晚上面条式的搭配。这里的面食做法十分丰富，最具代表性的有羊肉搓面、臊子面、贺菇面、羊排小揪面、连锅面、生汆面等。

目前银川最火的面馆当数彪哥的面馆了。彪哥本名叫什么，我并不知道，只记得从我认识他时，就是这个称呼了。彪哥自称是一个草根面食厨子，没进一天科班学校，也没有跟随过什么名震江湖的大厨，只是从十五六岁开始，就在家向母亲学手擀面，向父亲学调味料的炒制手法，数十年如一日，终于功纯艺精，自成一家。

20世纪八九十年代，彪哥在银川市富宁街开过一家面馆，主要卖牛肉臊子面，他的臊子面没有满碗的红油汁，没有厚厚的辣椒，却凭着那碗独特的味道至今仍留在了很多“老银川”的味蕾记忆里。后来彪哥的店因故关门，为了延续这份面食情结，2015年，彪哥又热热闹闹地重新开起了面馆，而且档次更高了。如今，彪哥可称得上是银川大名鼎鼎的面食王。可我一直没机会去彪哥的新店凑个热闹。2016年9月初，凤凰卫视主播马斌回到银川，我们给他接风，他直言，就想吃一碗家乡的面。于是，在一帮吃货朋友的推荐下，终于如愿。

彪哥的面馆就在蓝泰广场，店面并不大，十来张桌子爆满，等位的人排起长队。见到彪哥，他二话不说让我们先尝尝孜然炒面。宁夏几乎所有的面我都吃过，孜然面却还是头一回。没想到一口下去，就让人停不下来。走南闯北的马斌也赞不绝口：“就是这个味儿，很像我小时候吃的棒棒面。”

马斌是土生土长的银川人，当地人亲切地称他为“小马哥”。这次他带来了一个阵容豪华的直播团队。彪哥的面好，马斌干脆坐在餐厅里向网友直播彪哥的各种花样技法。

在摄像机面前，彪哥还表演了剔骨、切肉的绝技。他剔的骨头非常干净，半星肉末儿都不剩，江湖传言“狗见了都不啃”。他切的肉片可以粘到墙上，足见刀功了得。但对食客来说，“花拳绣腿”无济于事，关键得看面好不好吃，这才是硬道理。彪哥做的孜然羊肉炒面，秘籍全在羊肉的煸制上：精选上好的宁夏滩羊肉，冲洗干净，切块，肉块很敦实，足有大拇指那么大，虎虎生威。

如果说孜然炒面蕴含了新派的做法，那么羊肉搓面则完全是银川的标志性传统面食。银川人称羊肉搓面为“老搓面”，我理解中的“老”，是对古法手艺传承的尊称。这种面最大的特点就在一个“搓”字，选用上好的高筋面粉，揉成面团醒好，然后手工搓制成筷子般粗细，下锅煮熟。制作搓面臊子也大有学问，精选羯羊肉，切丁炒熟，再烩上羊骨文火熬制的老汤和新鲜的香菜、梅豆、豆腐等蔬食，放入辣椒红油即可食用，挑一筷头吃一口，面精肉鲜，香气四溢，口感特别。哪怕不是特别喜欢吃面食的人，吃了银川的老搓面，再配上一碟小咸菜，怕是也会爱上面食了。

烤全羊惯用手撕，但如今新派餐厅对全羊宴有了创新，让食客不必大张旗鼓也可大饱口福。比如在餐厅里烤羊腿，再配以春饼，卷小葱、黄瓜条、蒜等一起食用

生汆面是宁夏本土的特色面食，起源于宁夏南部山区。亮白劲道的面片，汤里辅以肉馅丸子、粉条等佐料，当地人习惯在上面铺一层亮晶晶的油辣子，喝上一口汤就足以让人感觉寒气尽散

曾经有媒体称，宁夏的一碗面因一首歌而受捧京城，这碗面指的就是羊肉臊子面，那首歌则是布衣乐队创作并演唱的《羊肉面》，歌曲讲述了主唱吴宁越背井离乡追寻音乐梦想的故事，每当他想家时，就会听到妈妈的呼唤："你回家吧，困难的时候，回家妈妈给你做最喜欢的羊肉面……"许多歌迷听了这首歌，甚至专程跑到银川来品尝西北汉子歌中的正宗美食。

相比以上两种银川特色老面，贺菇面在"面"的制作上并无特别之处，然而采用的贺兰山野生蘑菇，让这碗原本普通的面，在口感上显得非同一般。这种蘑菇因色泽发紫，生长在贺兰山的原始森林中，故称贺兰山紫蘑菇或紫丁香山菇。纯天然野生菌种的营养成分很高，堪称蘑菇界的灵芝，调制在面食中，口感醇正，气味浓香。

羊肉搓面、臊子面、贺菇面在烹制手法上或许有传承国内其他面食之嫌，但生汆面绝对是宁夏本土的特色面食。如果推断没错的话，较早把生汆面从宁夏南部山区带到银川平原的是同心人开的同心春饭馆，这家位于银川玉皇阁北街的小店至今仍因生汆面而火爆不衰。不论是午市还是晚市，面食主义者来到同心春，不约而同地报着同一个面食的名字。一碗碗热气腾腾的生汆面飘着鲜肉的汆香味，亮白劲道的面片上面飘着一层亮晶晶的辣子油，肉汤里配着肉馅丸子和粉条等佐料，先不论味道如何，光视觉上就让人垂涎欲滴，喝上一口汤，顿时让人感觉寒气尽散。

小吃婚宴全羊宴，地道风味盛宴

俗话说："油香软，馓子脆。"银川人的面点甜食是不可错过的美味。每逢节日，家家户户都要炸油饼、馓子、麻花，制作油糕、干粮馍、糖酥馍、锅盔、馄馍、千层饼等。制作油饼、馓子、麻花时选取的配料非常讲究，通常采用红糖、蜂蜜、花椒、红葱皮等原料熬成的水和面，同时添加适量的鸡蛋和清油，反复揉压后再制作成所需要的面点类型。到了节日当天，普通家庭桌子上都会摆出式样精巧、口感地道的小什锦或小八件，大家还走街串巷馈赠美食，互道祝福，并设宴招待亲朋好友。

要想品尝地道的美味，那就得赶乡村婚宴。2012年夏天，妻子的表弟结婚，我陪她去银川兴庆区通贵乡参加这场婚礼，得以领略乡村婚宴的特色。

在通贵，每到结婚的喜庆日子，流水席这种随来随吃的待客方式就会热闹上演。老百姓摆婚宴，一般都邀请当地厨子掌勺，表弟结婚不用请厨师，因为姨妈就是有名的厨子，平日里老给别人撑场子，遇到自家孩子娶媳妇，少不了她里里外外张罗。

婚礼宴席上，干果、水果加起来足有二十余种，看得人眼花缭乱。菜肴主要选用羊肉、牛肉、羊肚、土豆、豆腐、糯米、鸡蛋，配以菠菜、黄花、木耳及各色调味品制作成单数九碗，俗称"九碗三行子"。从摆盘花形来讲，所谓九碗三行子就是"横三竖三"，在民间乡宴上称"九碗菜"，有荤有素，甜咸适宜，特别注意大料的选配。讲究一些的家庭，会将九碗三行子升级为十大碗来招待宾客。

作为一个吃货，怎能忍受在席间正襟危坐。于是，我寻着浓浓的鲜香味，溜进了姨妈家的灶房。这里比不上城里大餐厅的明厨亮灶，充斥着烟熏火燎的灶火味，但每一道工序都在热火朝天中开展得有条不紊。在厨间操作的都是村里的烹饪能手，绞肉、拌馅、捏制，个个分工有序。

正在厨房帮忙打下手的妻子，见我闯进来，顺手从一只大瓷盆里抓起一只丸子塞到我嘴里，示意我不要在厨房添乱。我一口咬下丸子，一股葱肉火烧的鲜香味瞬间溢满口腔，姨妈做的丸子真是一绝。她喜欢往肉里加红葱，油炸过后吃起来内烂外酥，十分可口。其实我更想品尝姨妈亲手做的丸子汤：将牛肉丸子煮熟炖到汤里，再加冻豆腐、杏鲍菇、牛肉片、粉块、粉条、鲜蔬菜等，口口爽滑、劲道，透着悠长的香。

姨妈知道我是个吃货，平日又爱掂勺抡铲，于是怂恿我露两手，做一道主菜——烩肚丝。家宴中，烩肚丝是当仁不让的快手下饭菜，宴席上则更精细化。婚宴上用的牛肚都是姨妈亲自跑到银川新水桥牛羊肉农贸市场挑选的，干净且筋软。推辞不过，我只能硬着头皮上阵。在自己家油盐酱醋闭着眼睛都能摸出来，可突然换了农村的大土灶，有点怯场。好在一帮亲戚不断起哄，气氛渐佳，我也放开了手脚。后来我才知道，大伙就是想瞧瞧我这个读书人的刀功，好在众目睽睽之下，我还是漂亮地完成了切丝，并做出了一道香辣适口的美味，顺利通过考验。

无烩不成宴，除了刚刚提到的烩丸子、烩肚丝，通常还有汤鲜肉烂的烩羊肉、用土豆炸成的烩假莲子、烩夹板、烩苹果、烩狗牙豆腐、烩酥肉等，宴席俨然是品尝烩菜的最好场所。

在九碗三行子的基础上，摆上四碟素菜或两荤两素，就成了经典的“九碗十三花”。我从小在西海固农村长大，对传统的九碗十三花比较了解，西海固的做法与银川平原有所不同。比如肉团炖蛋是山里人的必备，银川人却并不热衷；在鸡肉的烹制上，银川人普遍喜欢麻椒味，山里人却更擅长清香鸡肉；山区人的桌餐上很难看到鱼，银川人却将糖醋鲤鱼演绎得出神入化……这些年来，银川的各大餐厅中，传统的九碗十三花已经不多见了，但仍有少数本土餐厅在坚守着这份尊贵而霸气的味道。

九碗十三花到底是怎么来的，谁也说不清，在我看来，这道菜就像我们平日常说的百家饭，旧时村里过喜事，家境差的村民通过“众筹”举办乡宴，每家每户奉献出一道拿手精品菜，聚到一起就是一席特色盛宴。现在农村人生活条件富裕了，举一家之力，支上一两桌香喷可口的九碗十三花已不是什么难事。

另一道极具风味的宴席是人人皆知的全羊宴，除了一直备受追捧的烤全羊，还有一种新近流行的新派烹制法——蒸全羊。

烤全羊是一道北方传统名菜，最初的灵感应该来源于生活在内蒙古河套地区的鄂尔多斯人民，他们在几千年前已经开始用火来烧食整只野兽，大草原特殊的牧民文化，使这种充满野性的烹制方式延续至今。银川平原历来是游牧民族与中原农耕民族杂糅交融之地，因地域与饮食习惯上的接近，这种在草原上盛行的烤全羊很快传进了关内，成为达官贵人才能享受的佳品，而现今已经普及到广大百姓的餐桌上了。即使如此，由于种种条件所限，烤全羊在普通家庭里很难实现。想要享用，就得进餐厅。

传统宴席上“九碗十三花”，有荤有素，甜咸适宜，特别注意大料的选配

这些年烤全羊在中大型餐厅几乎都已普及，制作方法大多在蒙式粗犷的基础上有所改良。蒙式烹饪与用餐礼仪，更注重酒令文化所释放出的草原初始文明以及对天地神的敬畏，烹饪技法粗犷简朴，调味料的选择比较单一。在银川，通常选用上好的宁夏盐池羯羊或金山羊，肉质鲜嫩无膻味。配料更是讲究，至少有20多种宁夏特产的调料和中草药调味。烤制时选用青钢木炭，慢火烘烤3小时，待全羊色泽黄亮时即可享用。

烤全羊惯常直接手撕食用，但一些新派餐饮人对全羊宴有所创新，比如在银川美食界几乎无人不知的老乔，他在自家餐厅烤全羊宴席上，还配春饼，卷小葱、大蒜、黄瓜条一并食用，让食客不必大张旗鼓也可大饱口福。最近两年他又主推古法汗蒸全羊，这道菜高度浓缩了宁夏本土菜的精髓，采用最传统的制作工序，通过汽蒸的方式，去除多余脂肪，完全保留了羊肉的原汁原味。

老乔全羊宴的美名已经传向四方，2015年12月21日，韩美林艺术馆在贺兰山下揭幕，冯骥才、余秋雨、莫言、严歌苓、白岩松等国内文化名流当日品鉴了老乔的全羊宴，一致高度赞扬。白岩松一连吃了好几份，当场感叹自己是个十足的吃货，见到好吃的就刹不住。

如今的老乔，带着银川美食情结，已经在北京开店，下一步他想将银川风味全羊带向全国。

“油香软，馓子脆。”每逢节日，几乎家家户户都要炸油饼、馓子、麻花这些独具特色的面点食品。到了节日当天，普通家庭桌子上都会摆出式样精巧、口感地道的小八件或小什锦，大家还走街串巷互赠美食，以示祝福

酒神沉醉贺兰山

撰文 唐荣尧
摄影 麦田 等

贺兰山是一座荡漾着酒意的山，自从酿酒技艺传至这里，贺兰山下的牧场也好，农庄也好，一地酒意浇灌着属于这里的浪漫。如果这座山是一部大写的书，这一剂迷药就是酒神在欢迷状态下绘制的诗意插图。

或许，贺兰山岩画上的那些画面，就是一个个带着酒意的牧民所创作的；或许，一场场出贺兰山口的远征前，正是一碗碗酒点燃了将士们内心的梦想；或许，贺兰山西侧的广袤牧场上，一囊骆驼酒催生了几曲牧唱，连羊和骆驼也听得晃晃荡荡；或许，贺兰山东麓的农耕区内，文人在夜深处的酒桌前，吟出了一首首远歌近唱，农人在年头节下里，一口酒穿过一个个婚丧嫁娶的日子。

整个贺兰山是一片被酒神眷顾的地方。凸显地方特色的“塞上江南”“老银川”“沙湖春”“大夏贡”等牌子的白酒、“西夏”牌的啤酒、“宁夏红”的枸杞果酒，让这里飘荡着醉人的酒意。然而，当外地人来到这里，看到本土产的几十个牌子的葡萄酒时，想必是一阵惊奇。如果白酒和啤酒呈现在贺兰山下的是一股阳刚之气，那么，果酒和葡萄酒便是阴柔的。贺兰山下，银川的昼夜交替处，往往始于一杯本地产的葡萄酒。

一座城，荡漾着葡萄酒香

千年前，银川还是大白高国（史称西夏王朝）的国都，一杯葡萄酒是一种显贵的体现；而如今，在这座城市，你不难看到这样一幅画面：高层的商业或政治会谈中，一杯杯本地产的葡萄酒从冷藏间里被轻轻拎出，就像一个沉睡中的孩子从被窝里被轻轻抱出，当红酒醒过来时，它的使命开始了：扮作催化友谊或消除偏见的灵药。或者，几个本地酒友，在饮白酒或啤酒的过程中，突然想增点酒兴，即兴点上两瓶葡萄酒，全然不按照葡萄酒的喝法，而是通过划拳、猜扑克牌、要色子等方式，将葡萄酒当作啤酒喝了下去。那场景，让人觉得这帮西北人喝的不是酒，而是一种人生的快意。

当然，我也曾不止一次在贺兰山东麓自青铜峡、银川到石嘴山的大大小小近百个葡萄酒庄里，与好酒者肆意畅饮。而在银川，文艺青年们坐在小酒吧的角落，在

贺兰山东麓特殊的小气候为葡萄的生长提供了得天独厚的天然条件，也让整个贺兰山荡漾着诗意的葡萄酒香

每年的9月、10月是葡萄的收获季，也是葡萄园最忙碌的时节　　摄影_李鹏

为避免温度升高影响果实品质，葡农们会赶早将葡萄摘下，然后迅速运送到酒庄车间，经过筛选、除梗、破碎、榨汁等多个环节，最后灌入发酵桶

醉人的葡萄酒香里或高谈阔论，或低头创作。这个场景，让我不止一次地将银川的葡萄酒文化和布拉格的啤酒馆文化、巴黎的咖啡馆文化联系在一起。葡萄酒、啤酒、咖啡，区别了这三座城市的味道。巴黎的咖啡馆已定格成了那个城市的品性；布拉格的啤酒馆被苏联军队的坦克碾碎后，成了那个城市的伤疤；而银川的葡萄酒，正延续着自己的路。

我知道，把贺兰山下的葡萄酒和捷克的啤酒相比，是牵强甚至可笑的，我只是站在了一种在外地人看来十分狭隘的本土意识里，对贺兰山下的葡萄酒有着这样一种期待：有着“王者之酒”称呼的“百威”也好，在捷克最受欢迎的品牌“比尔森之源”也好，与它们相比，贺兰山下的葡萄酒一定会有属于自己的席位和影响力。

出于这种期待，我更希望寻得那些和葡萄酒有关的本土故事。当然，在一个葡萄酒品牌林立的时代，我也期待着一个能健康、持续发展的本土品牌立足于中国乃至世界的葡萄酒大席中。

西风东渐，中国的“波尔多”

1998年6月9日，十几个小时的火车之旅把我带到了银川。坐东朝西的车站，让我和每一位来到这座城市的人一样，一抬头就能看见远处的贺兰山。响晴的日子里，贺兰山犹如挂在前方的巨幅油画，在蓝色的天幕下，显得格外醒目。

如果要为贺兰山下的现代葡萄酒产业书写一部历史，起点应该是一个叫玉泉营的地方。我这次远来的目的地就是在贺兰山下一个明代的废旧军营所在地建起的农场——玉泉营农场。

顺着贺兰山的走向，中巴车摇摇晃晃地穿行在一片片稻田、玉米地、菜田中的乡村土路上，一切如想象中的塞上，像已经看过彩排的一场演出，委实让人恹恹欲睡。然而，在接近玉泉营地界时，眼前的植物变成了一行行葡萄架，一串串葡萄仿佛快要完成最后着色的画作，让我眼前一亮。

连续三天，我都待在玉泉营农场。身边到处都是鲜活的葡萄树，看得见它们展露着生动的身段，闻得见那淡淡飘来的葡萄香。陪同采访的是农场的负责人蔡晓琴，她告诉我，就在一年前，1997年7月下旬召开的全国葡萄酒协会第四次葡萄科学讨论会上，国内外专家认定：宁夏贺兰山东麓是“中国的波尔多”！至今，银川向外界推介贺兰山的葡萄酒时，总是骄傲地端出这个论断，像一个新疆人给客人端出一块馕，一个杭州人给客人沏上一壶龙井，一个陕西人给客人端出一盘油泼面，那么自然而自信。

夜晚的玉泉营农场一片寂静，风吹过葡萄架发出的叶片之声，仿佛帮我打开一部大写的葡萄酒之书。大约5000至7000年前，南高加索和中亚以及阿富汗、伊朗、小亚细亚邻近地区就已经开始栽培葡萄。约3000年前，葡萄种植在希腊一带已相当兴盛，并由此开始传向世界各地。

一缕中亚的秋风缓缓吹过，高加索山下传来一阵清香。“在枝干粗壮的树下，一卷诗抄，一大杯葡萄美酒，加上一个面包。你也在我的身旁，在荒野中歌唱。啊，在这荒野中，这天堂已够美好！”奥马尔·哈亚姆在他的《柔巴依集》中歌唱的情形，出现在那时中亚的诸多地方，其中歌唱的葡萄酒，就是亚历山大于公元前329年东征时，带到中亚的一份珍贵礼物。随着这份礼物进入中亚的，还有口缘处雕有葡萄藤和希腊神祇的酒器和酿酒方法。

200年后，李广利破大宛（今费尔干纳盆地）后，汉使带回葡萄的种子，出现了《史记·大宛列传》中描述的“离宫别馆旁尽种蒲陶”的情形。同时传入的，还有葡萄酒。

葡萄酒的酿造方法，据《太平御览》记载，是到了贞观年间（627—649）唐军攻破高昌古国后获得的。唐太宗对葡萄酒情有独钟，不仅在皇宫内种植葡萄，还亲自酿造，《册府元龟》里描述，“造酒成绿色，芳香酷烈，味兼醍醐，长安始识其味也”。

高加索山下葡萄的清香什么时候吹到了贺兰山下？古人没有给我们留下确切的答案。我在唐代诗人李颀的一首诗里试图寻找一丝线索，李颀曾在贺兰山东麓一河之隔的灵州生活过，他在《古从军行》中写道：“年年战骨埋荒外，空见蒲桃入汉家。”此时的唐朝正处在唐玄宗穷兵黩武的开边政策之下，李颀显然不赞成征战，感慨年年征战不知多少尸骨埋于荒野，换来的只是西域葡萄移植汉家。

我的想象中，葡萄酒在贺兰山东麓的银川平原上最辉煌的境况，似乎应该是这样的：1038年，党项羌首领李元昊在贺兰山下的兴州城，也就是如今的银川市宣布大白高国建立，开国盛典上，葡萄酒香飘散在帝王、群臣、妃嫔的脸上，也在随后的岁月里渗透进整个帝国的躯体内。葡萄的栽植和葡萄酒的酿造技艺，以贺兰山下为原点，向帝国的各个州府蔓延开去。

自此，贺兰山的物语中多了一种甜味和葡萄酒香。其后由于烈性酒的兴起以及禁酒的缘故，葡萄酒一度在宁夏沉寂。1978年，宁夏第一个现代酿酒葡萄种植园区才在玉泉营农场出现。如果说1983年建成的宁夏玉泉葡萄酒厂是一架飞机，那么，这些酿酒葡萄就像提供飞机起飞的燃油，玉泉营农场就是一条跑道。1986年5月，宁夏第一批1000瓶葡萄酒试制成功，宁夏第一缕现代意义的葡萄酒香飘散开来。

“风土”之外，匠心酿造的琼浆

熟悉葡萄酒的人都知道，葡萄酒的质量七分来自原料，而酿酒葡萄的品质又由当地的气候、地理条件所决定。在酿酒葡萄界，有一个特有的名称来形容葡萄酒的生长环境——风土。风土一词对应的法语词汇叫“Terroir”，它最早起源于法国中部著名的葡萄酒产区勃艮第，大意指土地、地形、地理位置、气候特征以及微生物环境等一切自然条件的总和。

勃艮第地区的葡萄园以其特殊的风土于2015年完成申遗，被联合国教科文组织认可为世界文化遗产。那么，被誉为“中国的波尔多”的贺兰山东麓风土如何？

贺兰山东麓葡萄酒产区深居西北内陆，气候上属于典型的大陆性气候，四季分明，雨量适中，充足的日照和热量给葡萄生长提供了成熟的生长条件。同时依靠贺兰山山脉的天然屏障，有效阻挡了来自西部的寒冷空气及风沙的侵袭，高山形成的气候边际效应一定程度上增加了这里的积温，形成了适宜葡萄生长的小气候。此外，贺兰山的石质山地，疏松、持水量低、透气性好，也为酿酒葡萄根系的伸展提供了极大优势。这一系列得天独厚的天然条件，让贺兰山东麓成了北纬37度的大地上一件醒目的紫色衣装。

2月中旬的塞上，依然寒气盈天、萧索罩地，我再次探访玉泉营农场。沿着贺兰山110国道而行，路两边不时有酒庄的导引牌出现，勾勒出一个百余家酒庄构建出的葡萄酒长廊。那些夏日湛蓝天空下郁郁葱葱的葡萄园，只剩下一排排光秃秃的、用来支撑葡萄架的水泥架桩，在寒风里尽显萧条。与这样的萧条氛围截然相反的，是一个个坐落在葡萄园深处充满生机的酒庄。

在我眼里，玉泉营是贺兰山东麓葡萄酒起步的地方。但昔日的玉泉营农场已经被一家家酒庄驻扎，模样大不一样了。1996年，玉泉葡萄酒庄从玉泉营葡萄酒厂脱身出来，成了贺兰山东麓第一家葡萄酒庄。同年，25岁的郭云文在玉泉葡萄酒庄旁建起了第二家，同时也是宁夏第一家民营葡萄酒庄——郭公庄园。此后越来越多的酒庄在这里兴盛起来。

如今，能完整见证20年间贺兰山下葡萄酒业发展的葡萄树，只有3家酒庄拥有，郭云文的酒庄算一家，他酒庄中300亩葡萄园，有200亩的树龄超过了20年。

这个时节，葡萄树还在“冬眠”，郭公庄园的水泥葡萄架旁，葡萄树被埋在一个个隆起的土垄下。每年，因担心北方的霜降对葡萄树造成冻害，收获完葡萄后，葡农们会在霜季晚期根据葡萄树的高低在树旁挖出一条条土沟，将经过修剪的葡萄枝小心地从架上取下，盘起来放进土沟里，等它们适应了从长在高处到躺在低处的过程后，再填土掩埋。遇上严寒季节，还会在上面撒上麦草等植物秸秆以保护葡萄树，这个过程叫“埋树”。郭公庄园那些20年树龄的葡萄树，因抗霜冻能力比年轻的树强，采摘往往在10月中旬——比其他庄园的树晚半个月，“埋树”时间自然也就推迟了半个月。

和“埋树”相对应的是春季的“放树”。来年春暖花开时，很多庄园多依照“清明前后，栽瓜种豆”的节令“放树”。贺兰山下的葡农最担心的灾害是春天的强冷空气。冷空气每年都没个定期，“放树”早了，遇上正发芽便会成灾，放迟了又会影响全年的生长。掀开植物秸秆和土后，休眠了一冬的葡萄树枝条摆脱束缚，歪歪斜斜地重新爬上架，新一年的希望和那些嫩芽一样，开始沐浴在春阳下，萌发在这片土地里。

石嘴山产区

- 产区靠近贺兰山，重砾石及沙石土壤，目前尚未开始葡萄酒开发。

贺兰产区

- 产区位于贺兰山苏峪口北旁，为贺兰山的洪积扇地貌，重砾石及沙石土壤。越靠近山砾石越大越多，山脚为沙石土壤。
- 种植面积2.8万亩。
- 主要品种：赤霞珠、美乐、品丽珠、霞多丽、小味儿多、马瑟兰、黑比诺。

银川产区

- 产区靠近贺兰山，土壤砾石含量高，需要大面积筛土和改良土壤。该产区是宁夏最早集中发展精品酒庄的产区。
- 种植面积5万亩。
- 主要品种：赤霞珠、美乐、蛇龙珠、霞多丽、马瑟兰、雷司令。

永宁产区

- 永宁玉泉营是宁夏葡萄酒产业的发源地。产区呈东西分布，西面靠近贺兰山，主要是洪积砾石土壤，东面土壤大多是风沙土，产区以大型酒庄为主，酒庄规模、产量都比较大。
- 种植面积17万亩以上。
- 主要品种：赤霞珠、蛇龙珠、品丽珠、黑比诺、西拉、霞多丽、贵人香。

青铜峡产区

- 产区处于贺兰山脉的末端。土壤以灰钙土为主，矿物质丰富，葡萄根系发达，微量元素含量高。
- 种植面积14万亩。
- 主要品种：赤霞珠、梅鹿辄、蛇龙珠、霞多丽、贵人香。

红寺堡产区

- 产区位于贺兰山东麓地理标志最南端。土壤为淡灰钙土，粉粒比例高，沙粒和粘粒含量较少。土壤毛管孔隙较多，保水保肥能力较强。
- 种植面积12.3万亩。
- 主要品种：赤霞珠、美乐、品丽珠、蛇龙珠、威代尔、霞多丽、黑比诺

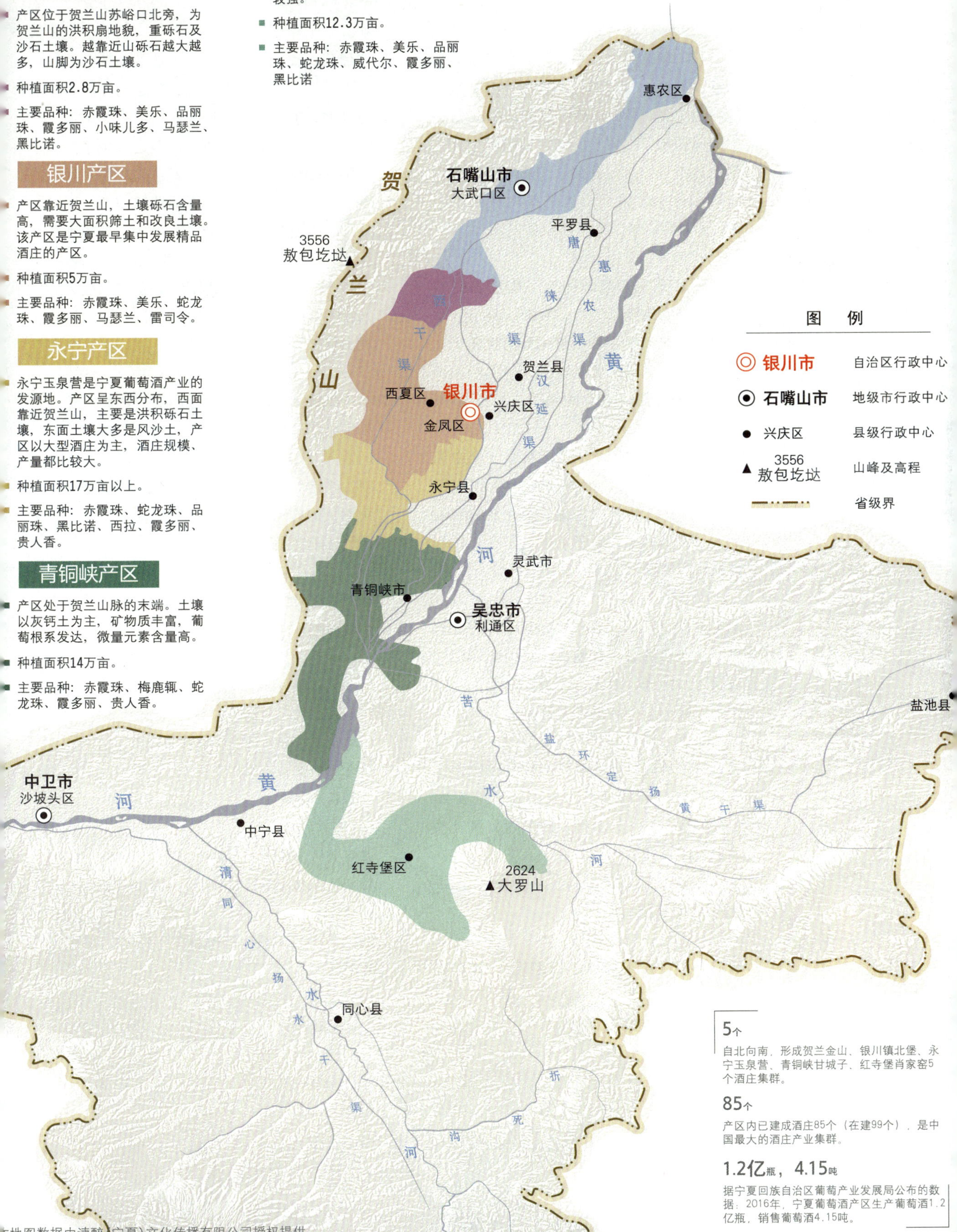

5个
自北向南，形成贺兰金山、银川镇北堡、永宁玉泉营、青铜峡甘城子、红寺堡肖家窑5个酒庄集群。

85个
产区内已建成酒庄85个（在建99个），是中国最大的酒庄产业集群。

1.2亿瓶，4.15吨
据宁夏回族自治区葡萄产业发展局公布的数据：2016年，宁夏葡萄酒产区生产葡萄酒1.2亿瓶，销售葡萄酒4.15吨。

本地图数据由读醉（宁夏）文化传播有限公司授权提供

树龄长的葡树因为根系发达，在冬眠期间吸够了养分，发芽早，抵挡春季冷空气的能力也更强。所以，郭公庄园这些20年树龄的葡萄树“放树”时间会提前半个月。这让我不禁把这些葡萄树和南糯山、南峤山、勐宋山、景迈山上的茶树联系了起来：姜是老的辣，树是老的强！

这之后，葡农们整理树架、给葡萄树施肥、剪多余的枝条等劳动会持续整个春季和夏季，直到10月份迎来葡萄的收获季。葡萄成熟时，讲究的葡农还会带着祭品，在采摘前进行庄重的祭祀活动。

从采摘到“埋树”再到“放树”，全由葡农手工操作完成，如果说这一系列步骤带着浓郁的农耕社会特色，那收获后的葡萄，一进入酒庄，就开始进入了严谨而精准的现代化工业环节。

葡萄被葡农们摘下后就被迅速运到酒庄的车间，经过筛选、除梗、破碎等环节后就被灌入发酵桶，进入“美酒养成期”。操作间里是一个个装满了发酵中的葡萄汁的巨大罐子，工人们定期爬上罐顶，打开顶盖让空气流通；地下酒窖的橡木酒桶里装满了半成品葡萄酒。每天，工人都要挨个打开数以百计的木桶，检查葡萄酒被木桶吸收和挥发的状况，并加入新酒。两年后，这些精心养成的美酒会离开酒窖，发往全国各地甚至远销国外。

目前，贺兰山下形成了面积超过50万亩的葡萄长廊。玉泉、郭公为贺兰山葡萄酒庄亮出了一个精彩的开篇，贺兰晴雪、银色高地、加贝兰、巴格斯这些后来屡屡获得国内外大奖的知名酒庄，更是吸引了许多国际酿酒大师纷纷来到贺兰山东麓一展身手，贺兰山东麓的酒庄渐渐拥有了一副“国际脸谱”。2013年，被誉为“葡萄酒圣经”的《世界葡萄酒地图》第7版出版发行，宁夏贺兰山东麓葡萄酒产区首次被列入，书中列出了中国6家精选酒庄，其中贺兰山东麓葡萄酒产区占4家。

在祖国的大山河里，贺兰山下这片适宜酿制红酒的冲积扇平原，仅仅是一方角落，但我相信，摇摇晃晃的酒神一旦来到这里，注定会有一个黄昏或夜晚醉倒于这个角落，这样的时刻，让我想起诗人昌耀的诗歌《酿造麦酒的黄昏》：

酿造麦酒的黄昏，
炊烟陶醉了。巷陌陶醉了。风儿
也陶醉了。

河岸上，雪花是红的。
扎麻什克人迎亲的马队正在出征。
向着他们颤动的银狐皮帽，
冰河在远方发出了第一声大笑……

在醉了的早晨，
扎麻什克人迎回了自己的春神。

贺兰山下的黄昏，等待着属于它的酒神陶醉于此。

如今在银川，无论是聚会的酒桌，还是文人的书桌，银川葡萄酒的身影常能得见。贺兰山东麓这抹紫色的醉意正逐渐蔓延，让更多人沉醉于此
摄影_车莹

灵武长枣，赭红色的期待

撰文 贺靓
插画 梁灵惠

稀罕的果子

每年9月底到10月中旬，长枣是很多银川人翘首以盼的稀罕果子。

这个时节，秋意未浓，苍莽的黄土地上还留有成片的绿。高耸的白杨笔直地立在路旁，叶片浪花般肆意翻腾着，仿佛要在寒风来临之前花光力气。不经秋风的银杏有的已提前黄了叶片，带来仲秋的气息。贺兰山东麓的葡萄被成串摘下，准备新一轮葡萄酒的发酵，空留些残绿在葡萄架上等待寒冬。

独有灵武长枣迎来了一年里最生机盎然的时节。一颗颗椭圆形的长枣腆着大肚子挂满树枝，奋力汲取着秋日干爽的阳光。枣树密布的林子里，它们铆着力气长成饱满丰润的模样，空气中弥漫着一股成熟甜腻的果香。

难怪大家要惦记。

枣树是宁夏传统的果树，据《宁夏林业志》记载，枣在宁夏的栽培历史可上溯至800多年前。在灵武，几乎家家户户都种有枣树，房前屋后，面积大的多达几十亩。灵武所处的灵盐台地素来干旱、风沙多，透气性好的沙壤土加上充足的光照、较大的昼夜温差，给耐旱的枣树提供了绝佳的生长环境。

灵武的枣树既有圆枣，也有长枣。长枣又名“马牙枣”，长椭圆形的模样，个头比圆枣更大，成熟时果实呈艳丽的赭红色。

比起圆枣，长枣对于当地人来说更金贵。早些年，长枣还没有大规模种植，产量远低于圆枣。更重要的是，以当地人的口味，长枣的味道要好于圆枣。每年新鲜的枣子一成熟，圆枣或吃或卖，长枣却要留着自家吃或者送人。

一场盛事

枣成熟的季节，大致在中秋节前后，大家心头便惦记着一项热闹的活动——打枣。

这是一个全家老少都参与其中的盛事，男人们领着家里的主劳力背上长梯、长木棍等打枣工具，妇女、儿童们带着从衣柜里每年的九月底到十月中旬是灵武长枣一年里最生机盎然的时节。枣树密布的林子里，它们铆着力气长成饱满丰润的模样，在空气中散发甜腻诱人的果香。从灵武发源的长枣如今凭借技术手段扩展到周边诸多区域，这种颜色艳丽、口感绵厚清甜的果子也成为宁夏甚至全国的期待。

搜罗出的不常用的毛毯或软被，老人们也不闲着，抱上家里空着的盆盆罐罐，浩浩荡荡地往枣林聚集。

打枣也算得上是技术活。枣树有的在门口，有的在院后，有的在田埂上，不同位置、不同高度的枣树，摘枣的方法也不同。男人们一会儿攀上房檐去摘家门口的枣树上结的枣，一会儿爬上梯子去够十几米高的老枣树枝头挂的果，全家人的眼光都紧紧追随着他们。老人们往往最担心，一边捡着掉在地上的“漏网之鱼”，一边小心翼翼地嘱咐大家注意安全。爬梯子也够不到的枣，通常只能用长木棍来敲了。老道的枣农经验丰富，他们知道用长木棍去敲时一定要瞅准了树枝敲，新鲜的长枣可经不起那一闷棍。当通体赭红的长枣一个个从枣树枝上自由落体掉下来时，妇女、儿童们站在树下，各自抓着摊开的毛毯、被子的一角，以便它们安全着落。

刚从树上摘下来的长枣最为清甜，小孩子们自然懂得，摘枣时忙里偷闲地摸上一颗，往衣服上随便擦擦，长枣就红得发亮，迫不及待往嘴里送。余味无穷的鲜甜和满满的水分，任谁也抵挡不了它们的诱惑。

但也因为水分充足，新鲜的长枣不耐长时间存放，常温状态下往往三五天就蔫了。因此长枣成熟的这个月，收获了枣子的人家会陆续将部分长枣送给亲戚朋友和街坊邻居，一筐筐、一袋袋赭红色的鲜枣在街头东搬西运，满载着沉甸甸的心意。

鲜食是长枣的最佳食用方式，但在灵武，持家的主妇还会将长枣变换些花样来调剂味蕾，蒸长枣就是其中之一。把长枣放到盛有水的锅里蒸十分钟，就产生了完全不一样的味道。经高温蒸过，原本脆嫩细密的长枣变成软软、胖胖的可爱模样，一伸手指就能把表皮戳破，枣的肉质也变得格外软糯，甜度也更高，尤其受老人钟爱。

把鲜枣做成酒枣，则是将长枣保存到过年的方法。制作方法也简单，备一口干净的腌菜坛子，先用“老银川”白酒给长枣“洗个澡”，放进坛子封好即可，等到过年时再拿出来。长枣还保持着原来鲜枣的模样，但经过白酒的浸泡，枣肉由淡绿色变成了淡黄色，口感也更软了。味道上，酒与枣充分融合，互相掺杂，更自成风味，是过年时节一道特别的零食。

百年赭红

对大多数灵武人来说，枣树是从出生就在房前院后陪伴着的存在，村里很多老人也说不清楚家里的老枣树究竟有多少年头了。

关于长枣在灵武的种植历史，文献资料里没有确切的记载。2003年，70岁高龄的宁夏农林科学院教授喻菊芳曾带考察队到灵武实地走访，探究长枣在灵武的栽培历史。他们拜访了一些老人，根据老人的回忆，搜寻到许多关于长枣的老故事。

传说灵武市东塔镇李魋子洼一带的农民过去只种庄稼，不种果木。李魋子的后代——如今已经70余岁的老人李清福说，他们的先祖来自山西，明代才移居到灵武。也正是从这个时候开始，村里开始种植果木，有了枣树，结出来的枣子味道好，颇负盛名，李氏家族从那时起就在此定居下来，“李魋子洼”的地名也由此而来。

如今的李魋子洼已更名为园艺村，它与周围临近的几个村子至今都保留着成片成片的老枣树林。喻教授看到这些古树时一阵惊喜，“门口、房屋的前后，枣林成片，就像一片原始森林”。她专门雇人把古枣树挨棵数了一遍，累计达1.65万株，其中长枣树占了一半。

据喻教授推测，灵武长枣的栽培历史应在800至1000年之间，至少也有300年以上，灵武的东塔镇被确认为灵武长枣的发源地。目前，镇上最大的枣树约有150年树龄，这棵被誉作“枣王”的老树至今依旧枝繁叶茂，每年一到成熟季，果实累累，且结出的长枣糖分极高。1954年，灵武遭遇特殊冻害天气，大批长枣树曾受冻枯死，树心都空了。但第二年开春，它们奇迹般重新发芽，长势依旧旺盛。

如今，长枣因良好的适应性和营养价值正逐渐受到追捧，凭借先进的技术手段，长枣的种植区域从它的发源地——灵武市东塔镇，拓展至周边许多地理环境相似的地方。

在灵武郝家桥镇一个叫狼皮子梁村的地方，我亲眼见识到5000亩扎根于沙漠之上的长枣林的风貌。虽然与东塔镇上万株百年老枣树相比，这里的枣树只算得上是初长成，但枝头仍是挂满枣子。枣林间，工人穿梭，摘枣、装箱、搬运，一派活跃。

在银川，有院子的人家和商铺，也常种有长枣树，它们植根在院子中央，像个巨大的保护伞般覆盖于整个院子上方，供给果实，也庇荫人家。

长枣由灵武人的期待，变成了许多宁夏人甚至全国人民的期待。每年6月，长枣的花期，在细细密密的白色小花盛开的日子里，人们热眼盼着枝头的长枣由青绿变赭红，一年又一年。

对大多数灵武人来说，枣树是从出生就在房前院后陪伴着的存在。每年中秋节前后，打枣是全家男女老少都参与其中的盛事

枸杞，红色精灵的逆袭

撰文 唐荣尧
摄影 李鹏

枸杞之路

这是枸杞晾晒的季节，傍晚，农家小院里，刚采摘来的枸杞在月光下给院子铺就了一片红色。中宁人砌好的茶里，总会顺手放进几粒枸杞，茶味并没有多少改变，但带给人视觉上的享受陡然增加。我不时拿一粒新鲜的枸杞放进嘴里，咀嚼的不是枸杞的味道，而是一段隐藏在民间的枸杞之路。

说到枸杞，一幅历史画面浮现在我眼前——

明代初期，贺兰山成了大明王朝的边界线，大批内地征调来的军人开始戍边于此，不久，朝廷随之征调内地移民至此。起初，不少内地来的移民很纳闷，阴历4月中下旬，当地人总是将田间地头那些一人高的灌木丛上面的小红果小心地摘下来，带回家晾晒，喝茶、烹肉、熬汤时放上一些。他们问当地人，这是什么东西？

当地人指着那些小红果说：“枸杞。”

随着枸杞被内地移民逐步了解，内地人也开始看重这些小红果。收购枸杞的季节，四川绵阳和湖南湘乡一带的青壮年农民，结伴北上，朝贺兰山的方向而来。他们用竹筐担着当地产的茶叶、卷烟、木梳、篾子及竹器等特产沿街叫卖，然后用所得现金采买当地枸杞。拣选枸杞的同时，这些外地人会联合起来，请当地木匠给每人做两个可装60斤枸杞的箱子，箱外用“猪血料子”（油漆的代用品）粘贴两层黑垢纸后，再涂刷两遍，晾干即成。装箱前，先将枸杞曝晒，趁热分层，用脚踩实，越实越好，一般要踩4次。然后把袋口缝好钉上箱盖。至于盖与帮间缝隙，须再贴纸涂料。经过这样处理的木箱严严实实，既防水又防虫蛀。

箱子装好后，选定一个黄道吉日启程，枸杞商贩们结伴而回。从中宁到平凉要走8天。平凉是个大站口，到了这里，两地的枸杞商就分道扬镳了。湖南客向东至西安，或乘车或步行返乡；四川客向南经华亭、陇县至宝鸡，自汉中入川，通过栈道直抵绵阳一带。

红色物语

和中国众多枸杞产地一样，贺兰山下的枸杞在农耕社会时期缓缓走过自己的历史轨

贺兰山下的绿洲上，摊开晾晒的枸杞，是最惊艳、最令宁夏平原骄傲的大红外衣

迹，随着时间的积淀，逐渐成为贺兰山的红色物语。

1949年后，中宁枸杞在当地合作社的统购下，每年定量往外运输。改革开放后，中宁枸杞开始了新的旅途：它们乘上汽车、火车，走向大江南北。晾晒好的干果，加工成油丸、枸杞酒等形态的枸杞，甚至行销到了海外，枸杞之路上铺设的界桩，越来越远，这条迷人之路，也越来越宽，越来越通畅。

1955年初秋，19岁的江西兴国县青年钟铨元以优异的成绩考入西北农学院林学系，入校之前，他对贺兰山一无所知，对枸杞也知之甚少。

4年学业完成后，钟铨元选择前往宁夏，到位于永宁县王太村的宁夏农学院林学系任教，长途汽车一过黄河，他就清楚地看见了巍峨蜿蜒的贺兰山。1963年，钟铨元调入原宁夏农科所（现宁夏农林科学院）森林系，这让他有更多机会亲近贺兰山。两年后，他在贺兰山下开始书写自己的枸杞人生。

钟铨元在贺兰山下研发出的宁杞1号，占全国枸杞种植面积的70%以上，成为中国20多个省区、130多万亩枸杞的绝对主栽品种。

2016年4月6日，宁杞1号、4号、5号、7号和中科绿川1号5个品种、45克枸杞种子随实践十号卫星成功上天，4月18日，游历太空后安全返回地面。这45克枸杞种子经过太空辐射和失重环境等航天诱变，是否会产生基因变种？它们能否顺利成为“太空种子”？一切只能等待时间来回答。

“宁夏红”的贵族气息

“宁夏红”这个词，足以召唤起各种浪漫的幻想：浑黄的河水与褐色的山体围拢的绿洲上，摊开晾晒的枸杞，是最惊艳、最令宁夏平原骄傲的大红外衣；离乡的宁夏人，在异地端起一杯淡红色的枸杞果酒，想象着贺兰山下的红色风景。

“宁夏红”的缔造者，是一个叫张金山的宁夏人。

1999年10月，执掌宁夏香山酒业集团有限公司的张金山，白酒生意正顺风顺水。时任国务院总理朱镕基到中卫县视察，品尝了中宁枸杞制品厂生产的枸杞酒后，连连称赞好喝，详细询问并对宁夏枸杞产业发展做出重要指示。

不久，自治区领导找到张金山，问他愿不愿意收购濒临倒闭的中宁枸杞制品厂，做出更好的枸杞酒？

那些日子里，他嘴里不停念叨着，宁夏枸杞、宁夏红酒……一个后来“红”动全国的品牌出现了——宁夏红。2001年10月，从中宁县枸杞制品厂走出的宁夏红，作为一种果酒饮料，品牌价值不断攀升，逐渐成了枸杞变异加工的象征、贸易的媒介和声望的体现。就像贵州有茅台酒、云南有普洱茶、青海有青稞酒一样，宁夏有了宁夏红。

进入21世纪，宁夏枸杞以自己的方式征服了越来越广的领域，在这个时代有了自己的另一个席位。张金山的心思，却已从贺兰山下飞到了法国的加龙河和多尔多涅河之间的区域，那里是法国干红的圣地。他开始思考一个问题，宁夏的枸杞还停留

就像普洱茶之于思茅地区、葡萄之于吐鲁番、香梨之于库尔勒，枸杞，是贺兰山下宁夏平原的象征

在土特产的角色上，而法国干红已经是尊贵的象征。一个大胆的想法出现了——用宁夏枸杞酿造出中国味道的顶级干红。2014年，经过中法顶级酿酒工艺的碰撞，利用贺兰山下的枸杞制成的宁夏红“传杞干红”，以其淡雅的香气、诱人的色泽走红国际展会。法国波尔多葡萄酒学院院长杜德先生给予高度评价：“舌尖的味道是中国的。法国葡萄酒颜色多为玫瑰色，香气浓烈，这款中国酒的香气与中国人一样，含蓄内敛，颜色金黄，充溢着贵族气息。”从宁夏红到“传杞干红”，来自中国贺兰山的“山下货”，散发出纯中国的贵族味，这一片红色，晃动着世界保健酒业。

华丽变身

就在“宁夏红”开启征服的航轮时，另一个改变宁夏枸杞命运的产品——“百瑞源”问世。

钟铨元于1963年调离宁夏农学院前往宁夏农科所任职，他离开学院23年后，一个叫郝向峰的陕北年轻学子考进了宁夏农学院。郝向峰对宁夏枸杞情有独钟，2003年决定进军枸杞研发领域，他带领的团队利用枸杞籽研制出晶体的保健品——百瑞源，使枸杞晋升到高端养生品行列。

2009年秋天的一天，我和他坐在一起闲聊，谈起他于2007年建成的宁夏枸杞馆将要扩建的问题，我给他建议：“为什么不建一座中国枸杞馆？”

最后，他接纳了我的建议，并很快设计、施工，于2011年建成并投入使用“中国枸杞馆”。2012年11月23日，将一生最宝贵的时光都贡献给了枸杞研发事业的钟铨元因病去世，郝向峰让人在刚进馆的醒目地方，挂上一幅钟铨元的巨幅照片，下方说明写着——中国枸杞之父。在中国枸杞馆内，我想到了巴巴多斯，那里并不是朗姆酒的第一故乡，但这个国家赋予了这种酒“朗姆酒”的名称，并享誉世界，加勒比海的朗姆酒正是从巴巴多斯开始源远流长的。同样，贺兰山或许并不是枸杞在中国的第一故乡，然而，这里戴上了“中国枸杞之乡”的桂冠，枸杞在这里完成了形态的演变、内在质地的提升，在现代农业科技的促进下实现了华丽变身。

西夏瓷，留存一个王朝的记忆

撰文 曹萍波
供图 董宏征

住进西夏瓷的灵魂和记忆里

米向军站在一堆色泽暗沉的古瓷器中央，有一种凛凛的霸气。剔刻牡丹纹罐、褐釉剔刻花双耳罐、剔刻花敛口钵、黑釉剔刻花颈瓶，每一件，他都能准确地叫出名字，精准地描述其年代和特征。他最喜欢的一只剔刻牡丹纹罐，胎浅黄色，刀法简练古朴，牡丹精致生动，枝叶疏密有序，看上去既飘逸又古朴、既流畅又粗犷。米向军觉得这就是西夏瓷最突出的特点——全器庄重而饱满，有浓厚的中原文化特色。

米向军对西夏瓷的热爱，整个宁夏收藏圈都知道。传闻早些年，因经济条件有限，为了获得难得一见的藏品，他甚至可以把房子卖掉，所以那些年，搬家于他简直是家常便饭。但他藏着的两大箱古瓷、瓷片，虽经历数次搬迁，却不曾丢失一片。

一个人的时候，米向军喜欢凝视、轻抚那些古瓷片，感知它们的温度，揣测花纹背后的历史。一个心里有热爱之物的人，大抵都能懂他的这种执着，所谓“物我互近”，即是如此。

“没有物证的地域历史是虚无缥缈的。”米向军说。

在米向军看来，博物馆是藏品们最好的归宿。走进今天宁夏的任何一家博物馆，几乎都有米向军捐赠的藏品。这是他和别的藏家不一样的地方，他爱西夏瓷，却不过分执迷，这需要不一般的视野和心胸。“虽万分不舍，但如果我像守财奴一样把收来的西夏瓷藏不示人，就太小气、太保守了，也不利于西夏文化的传播。看到、知道的人越多，才能让西夏瓷真正走出宁夏，走向全国乃至世界。”

有一次，他在捐赠的西夏瓷即将入库时，突然万分不舍，于是请求博物馆的工作人员允许他和瓷器再单独待一会。在那独处的片刻里，他忍不住潸然泪下。

做收藏几十年，米向军一直深信不疑，瓷器同人一样，是有灵魂和记忆的。所以他总是跟人开玩笑：“我捐出去的瓷器，哪一件都认得我。”

黑釉剔刻花颈瓶

有物无史，揭开尘封的秘密

在宁夏，同样痴迷于西夏瓷的，还有一个人。

从灵武市博物馆右侧的小门走进去，就是刘宏安的办公室。今年48岁的刘宏安，祖籍陕西蓝田，从小在银川长大。作为现任灵武市文物考古所所长，钻研西夏瓷，既是他的工作，也是他的爱好。

刘宏安的办公室里可自由落脚的范围并不大，因为到处堆满各色古瓷片。刘宏安说，西夏瓷窑出土的瓷器种类繁多。从器形分，有碗、盘、盆、壶、瓶、罐、钵、釜、瓮、灯、钩等；从釉色分，有白釉、青釉、黑釉、褐釉及数量较少的紫釉，还有的一器两种釉色，如外施黑釉内施青釉等；从装饰技法分，还有剔刻花、刻花、印花、点彩、雕刻和镂空等。要揭示西夏瓷纷繁复杂的秘密，信息源或许就在这一块块普通的古瓷片身上。

时间倒流700多年，1227年，蒙古军队占领西夏后，四处烧杀掠夺，屠城毁物。元朝建立后，元史官也没有给西夏历史应有的篇章，西夏成为中国历史的一段空白。辉煌灿烂的中国陶瓷史，也忽略了西夏瓷的存在。西夏王朝存在了189年，是宁夏地域文化中最神秘、最有追索价值的一面。就是这样一个缺乏史料记载的古老王朝，不仅创制了自己的文字——西夏文，同时，代表西夏人审美取向、艺术趣味的各种瓷器，也在那个时代留下灿烂的一笔。

为了不让西夏瓷这种有物无史的文化湮灭于历史的烟尘中，刘宏安渐渐不满足于研究老瓷片，而是开始自己烧制西夏瓷。

在刘宏安眼中，烧瓷是一件神圣的事，面对一炉窑火，仿佛是最接近祖先智慧的时刻。宁夏境内金属矿产稀缺，因此，过去人们日常生活所需的金属制品，不得不用瓷器来代替，瓷器在西夏人的日常生活里占据着重要的地位。“灵武市磁窑堡地区的地下就蕴藏着丰富的煤炭资源，煤层较浅，便于开采，而煤夹层中的高岭石质泥岩和高岭石泥岩夹矸，又是优质的制瓷原料。窑址旁四季水流不断的河沟，又为窑场提供了丰富的水源。这些资源特点，暗合了建立大型瓷窑的三个基本条件。”刘宏安说。

如今，每逢有客人来访，刘宏安最喜欢拿出自己烧制的剔刻花扁壶来展示：“党项是生活在马背上的民族，擅长骑射，扁壶体态轻盈，非常适合在马背上吊挂携带。”扁壶是西夏瓷器中比较常见的器形，由盛水的皮囊演变而来，大扁壶通常正反面中间均有一圈足，反面圈足起放置平稳作用，壶两侧有两耳或四系，便于穿绳提拿或携带。小扁壶胎体较轻，仅背面有一凹足，两侧只有双耳，为西夏以外其他窑址所不见，所以常常被当作西夏瓷的代表性器物。

手艺人的试验，触摸一个神秘王朝

冬日的西夏风情园，游人很少，沙枣树上的沙枣只有小指头尖儿那么大，一颗颗挂在树上，早已被太阳晒枯，树下的一片芦花已经开得荼靡。李五奎最喜欢观察这些花和树，做陶瓷的人一辈子跟泥土打交道，对泥土有感情，所以看到从土里长出的植物，也觉得亲切。

“陶瓷，其实就是泥土的语言之一，植物也是。”李五奎说，一树花下泥土质地不同，滋养出来的花色也会不同；做陶瓷也一样，虽然每天接触一堆堆静态的泥巴，看似是“死”的材料，但在他心里，泥土其实是有活力的，它们能构筑不同的生命。

今年52岁的李五奎和泥巴打了一辈子交道。从他爷爷开始，一家三代人都以制陶为生。

李五奎总说：“西夏瓷承载的其实是整个西夏文化，它不是简单的古器，它是西夏王朝荣辱兴衰的历史线索。”

1985年，20岁的李五奎只身去了北京，在安定门附近的一个窑厂学制陶。“那时，很多美院的老师、学生都会到窑厂制作陶器，我在那里算是开了眼界。”14年后，回到宁夏的李五奎，在偶然一次走访贺兰山时，发现了一个古窑口。那时，他开始琢磨能否复兴西夏瓷。

“如果把陶比作江湖侠客，瓷就好比皇宫里的女儿，它们不同的特性有不同的语言表达，泥土就是它们的语言。好的陶瓷制作者，首先要对泥土的质地和特性把握得天衣无缝，要精准把握釉的润色和釉在瓷体上的停留时间，剔刻花纹时，要拿捏好笔的轻重和水的浓淡，烧制时又要掌握好火候和时间，这些，足够我下半辈子钻研了。”

李五奎说，他已经在贺兰山上找到了西夏白瓷的胎土，这是对矿物质非常了解的人才能拥有的机缘。所以接下来的时间里，他想着力于此，慢慢探寻那个在历史长河中昙花一现的“大白高国”（即西夏王朝），那个佛教鼎盛、人人崇尚白色的神秘王朝。

一个手艺人，发自本能地用双手亲自去探索，从无数次复原的实践中逐渐拼凑出一段历史里最切身可感的部分，这种务实的可爱，尤为动人。坐在李五奎作坊里侃侃而谈的那个下午，冬阳疲累而收敛，照在他的脸上，却衬出他一脸坚毅。

或许，正是有米向军、刘宏安和李五奎这样的人，热爱着西夏文化与西夏瓷，在收藏、研究以及实践等不同领域，他们能够识得、钻研乃至试验，才能使这种古老的陶瓷文明，在未来有望到达一个更高远的境界。这世上一切文化，内里之薪火相传、生生不息，莫过于此。

白釉剔刻花敛口钵

贺兰砚，绿和紫的石趣

撰文 曹燕
摄影 徐立刚 等

一个家族和一方砚台

闫森林的工作室里保存着父亲闫子江的贺兰砚作品《卧牛》，那是父亲1965年带着贺兰石去上海交流时完成的作品。砚池中间，一只卧牛，安静从容，在小小的一方世界里恬然。这方砚台看似简单，非一打眼的动人心魄，却越看越有味道，犹如余音绕梁的回旋。少年闫森林临摹《芥子园画谱》时用过这砚台，里头还有陈年的墨迹。

说到贺兰砚，脱不了和闫家砚的渊源。

闫家砚第一代是闫森林的曾祖父张云庭，祖籍湖北，是光绪年间来宁夏做官的湖南人谢威凤的随从兵，会制砚手艺。曾祖母闫吴氏带着两个儿子闫万庆、闫万年，经人介绍嫁给了张云庭。张云庭毫不吝啬地将制砚的手艺传给了他的两个继子。民国时期，闫家的砚台已经在银川小有名气。闫万庆将贺兰砚雕刻的手艺传给了他的三个儿子闫子江、闫子洋、闫子海。如今，到闫森林，已是银川市贺兰砚雕刻世家闫家砚的第四代传人，闫森林还是国家级非物质文化遗产贺兰砚制作技艺传承人。

这是一个普通手艺家族和一方砚台之间连绵持续的缘分。闫家砚在他们手里发扬光大，现在银川地区比较知名的贺兰砚雕刻师，或多或少都和闫家有一些关系。

“我父亲、叔叔那一代都是娃娃工，十几岁就开始学习雕刻砚台。”闫森林的印象里，在雕刻贺兰砚之余，父亲喜欢看书作画，虽然没读过什么书，但写得一手好字，画画也是一绝。

20世纪50年代，公私合营，闫家的砚台作坊被并入银川砚台雕刻厂。1960—1963年，闫子江、闫子洋受宁夏政府派遣，到北京人民大会堂参加宁夏厅建设，雕刻了大型挂屏毛主席手书《清平乐·六盘山》等一批贺兰石雕工艺品，将闫家砚的名气提高了不少。

当年，闫子江、闫子洋到贺兰山上采石，做好粗坯，把石料运往北京，在德胜门外找了个地方开始雕刻创作，用了3年时间完成作品。1979年建国30周年大庆，闫森林跟着父亲到人民大会堂宁夏厅，对作品进行修复，才得以见到父辈当年的作品。

闫森林今年66岁，依然保持每天至少3小时的创作时间。“一天不摸，手就会生”，他不算是娃娃工，因为“文革”等历史原因，他正式接触贺兰砚雕刻是21岁，还好有早年间临摹画谱的基础和父亲的悉心指导，“那时候，我和父亲的工作桌永远挨在一起，彼此能看见对方做砚的过程。我做得不好，他也不责骂，只是咂摸咂摸嘴，表示不满意，我就明白他的意思了”。

过去的贺兰砚雕刻师一般都是男性，现在闫森林的妹妹也是著名的贺兰砚雕刻师，年轻的侄女已经在自家工作室里独当一面。

闫森林的儿子并没打算向父亲学习贺兰砚雕刻，觉得太苦，“可能是因为看着爷爷、父亲一辈子都埋头在石头上打磨、苦思、下刀，循环反复”。闫森林觉得有些遗憾。不过，侄子正在向他学艺。时代变迁，当年闫森林是临摹《芥子园画谱》打功底，“现在年轻人在石头上依照手机里的照片画，其实都一样吧，一代人有一代人的境遇”。

好料难寻促艺精

贺兰砚雕刻手艺完成的基础——贺兰石，来自脚下的土地，在古贺兰海中沉淀，后经贺兰山造山运动而成。

距离银川市约30公里，滚钟口笔架山的悬崖峭壁上有一道岩层，仿佛紫云萦绕，贺兰石就出自这里。

在贺兰砚雕刻者的心目中，贺兰石分为前山料和后山料。相比而言，后山料更好，闫森林说，“质地更细腻，多彩，适合做砚台”。

多彩是指贺兰石由豆绿、深紫两色相互交错叠加、衬托辉映，中间还镶嵌有石眼、玉带、朱砂带、云纹、眉子、绿豆点等，自然纹理妙趣天成。前山料硬度更大，里面所含的钢多，更难雕刻。

价格上，后山料比前山料昂贵，闫森林说：“以前价格较低时，前山料一吨1000元，后山料一吨就得3000元。当然这是很久以前的事了，现在好的石料难寻，都是论块卖了。”

贺兰石储量极小，据统计，总储量仅为35.23万立方米，而可供开采的中心区储量为5.93万立方米。贺兰石世代靠人工采挖，直到今天，用锤子敲下来的贺兰石都是靠采石工人以肩背的方式运下山。为了更好地保护贺兰石资源，政府规定每年限量开采贺兰石不超过20吨，并只在深山区开放了一个采石点，限制上山采石的人次。

另一位闫家砚弟子、中国工艺美术大师石飚说：“贺兰石是不可再生性资源，所以更要珍惜原料，利用好每一块砚石。而要做到这点，提高砚雕艺人的整体审美水平和雕刻技艺是关键。”

不只是“工匠精神”

贺兰砚雕刻之初有两个非常重要的环节：相石与俏彩。相石是对一块石料整体的大小、纹理、厚薄、形态等进行总体品味，把玩琢磨。俏彩则是依照深紫、碧绿二色的分布层次，尤其是根据碧绿自然形成的

贺兰石由豆绿、深紫两色相互交错叠加。艺术家要根据贺兰石的体态、色泽分布层次进行相石、俏彩，通常久久端详，琢磨数日，才下刀雕刻

云、月、水、山、龙、鹤、松等形纹，随彩走形，清水出芙蓉，天然去雕饰。艺术家常常要对一块贺兰石久久端详，琢磨数日，才下刀雕刻。

“器成于心，技雕其意。”贺兰砚雕刻艺人最早多采用高浮雕和镂空手法，最好和最独特的方法是俏色雕。石飚曾经到安徽歙县、广东肇庆学习歙砚和端砚制作工艺，并将端砚的薄雕手法运用于贺兰砚雕刻中，还广泛借鉴牙雕、玉雕、根雕、竹雕等技艺手法，在继承传统雕刻手法的基础上，采百家之长，融会贯通。

他的作品《池趣》，荷叶舒卷自如，早有蜻蜓立上头，将砚台转过来，更妙，居然是立体曲折的荷梗，穿透荷叶田田的夏天傍晚。一般而言，贺兰砚雕刻，砚台背后都是辅助性地作诗赋词，但《池趣》把砚台的正面和反面统一布局，趣味盎然，仿佛闻到了夏天傍晚池塘边弥漫的清香。

闫森林自己比较满意的作品是《雄风》，原材料是一块圆形的贺兰石，右侧和下部有一部分碧绿。面对这块贺兰石，闫森林构思了半年之久，琢磨如何体现出这部分碧绿的俏彩。最后石上碧绿和深紫相间的纹路被演绎成了盘踞松林的两只老虎，每一层空间感都不同，虚实中凶猛之力蓄势待发。

“所以说，我觉得用‘工匠精神’形容我们不准确，我们更多的时间是用来进行创作。”闫森林说，功夫在诗外，一方贺兰砚作品，最重要的是揣摩、构思。这离不开长年的实践和积淀，闫森林时常想起少年时心无旁骛临摹《芥子园画谱》的时光，“十分必要而美好”，就像种树一样，是一个扎根大地吸收营养的过程。

杨武是闫子江当年在贺兰砚雕刻厂的徒弟，性情潇洒，兴趣爱好广泛，喜爱绘画、摄影、骑摩托、烹饪……他说：“不热爱生活，我怎么可能热爱工作？怎么搞创作？”

杨武喜欢摄影，经常去各地采风收集素材，拍下了不少风土人情。传统的贺兰砚创作主题以人物、花鸟鱼虫为主，“我为什么不能创作宁夏风主题的作品呢？”杨武根据自己的采风摄影，创作了《塞上农家》——窑洞、窗棂、碾子、黄河边的芦苇荡等跃然于一方小小砚台之上，呈现出“塞上江南”的淳朴和细腻。杨武指着砚台说：“你看，电线杆是歪的，真实的农村生活就是这样的啊。”

44岁的郝延强算是贺兰砚雕刻界的新生代，对他而言，艺术性和实用性兼备是一方好砚台的标准。一件好的作品在创作之前，需要充分汲取本土文化元素。郝延强曾雕刻过和西夏文化有关的贺兰砚，“在雕刻的过程中，我查阅了许多资料，考察了许多文物，反复修改设计图，才达到比较满意的效果”。这个作品最终成就的是一方主题为“西夏王朝手杖”的贺兰砚，贺兰石的碧绿部分闪电般穿过深紫的背景。好一把传说中的西夏王朝手杖！

年轻砚种的前进与坚守

闫森林认为，相比于歙砚、端砚，贺兰砚“是年轻的砚台种类”，不仅文人墨客对它的附会少，历史记录亦不多。有文献的记载是在《乾隆宁夏府志》中：“笔架山，在贺兰山小滚钟口，三峰矗立，宛如笔架，下出紫石可为砚，俗呼贺兰端。”闫森林觉得，也许是因为宁夏在古代地处

贺兰石产自贺兰山滚钟口笔架山悬崖峭壁上的岩层中，世代靠人工采挖，背运下山。由于贺兰石储量极小，政府已进行限采，以保护贺兰石资源
摄影_马宏杰

贺兰山上的后山矿，此处出产的贺兰石品质最佳。开采后，矿石残渣顺着山势向远处滑落
摄影_钟培源

塞外边陲，缺乏与外界交流，即使有好的砚石，也鲜为人知。

“一端二歙三贺兰”，不同的砚种有不同的文化，贺兰砚与其他砚种相比，更具有闫森林说的“草根性”。因为历史上缺少相关记录和实物佐证，人们对贺兰砚的过去知之甚少。“不同时期的砚有不同的形制与风格，如果每个时期都能把相关资料整理、记录并流传下去，本身就是一份非常珍贵的文化遗产。”

不过“草根性”的贺兰砚也赶上了收藏热。现在的贺兰砚主要用来观赏收藏，真正用来使用的砚台很少。“因为写毛笔字的人越来越少。”郝延强说。前些年，不少人四处收购贺兰砚，不免有炒作的嫌疑，现在随着贺兰砚的市场化经营，大浪淘沙，逐渐回归理性，但真正高水准的作品和工艺师并不多。

据初步统计，目前宁夏从事贺兰砚雕刻的国家级和自治区级工艺美术大师有数十人，从事贺兰砚雕刻的工艺师1000多人。在银川传统文化“据点”西塔（承天寺塔）附近，有很多和贺兰砚有关的店家，可以看出贺兰砚的本地文化根基深厚。

然而，在郝延强这样与时俱进的雕刻人眼里，如何将贺兰砚背后厚重而丰富的文化积淀表达出来、传承下去，是值得思考和探索的主题。他在银川郊区有一个雕刻工作室，招收了十几名徒弟，出于对生活情趣的重视，他甚至要求徒弟学习做饭，“如果你都不能好好做上一顿饭，怎么可能创作出好的作品？”

如今，第五代闫家砚的传人不再临摹《芥子园画谱》了，然而年轻人的眼光和审美能带来新的创造，特别是一些有绘画、设计功底的年轻人进入这个行业，带来了新的气象，比如利用电脑设计构图，加入现代文化元素，让贺兰砚的雕刻主题不再局限于花鸟鱼虫和著名人物。

有人在与时俱进，也有人在坚守传统。闫森林说：“过去的砚台大小基本一致，都有标准，一只手能拿起为宜。现在也许是人们的书桌变大了，需要的砚台也相应大了起来。”但他一般不做大砚台，最大的也就长约40公分，“我想尽量离传统近点”。

羊绒，宁夏川上『软黄金』

撰文 曹燕
摄影 蒋荔生

羊绒编织城市的柔韧

从银川去往灵武，一路黄河相伴，西北大地正在进入凛冬，干枯的芦苇荡弥漫于河滩，逆光之下如同柔软而密实的铺盖。

这也是羊绒长出来的时节。进入灵武市区，就能看到一句城市名片宣传语：“世界羊绒看中国，精品羊绒在灵武。”一个城市和细腻柔软的羊绒如细密的针织纹路般咬合在一起。

贺兰山地距离鄂尔多斯草原不远，是草原和荒漠的连接之处，得益于地理交通的纽带之功，虽然宁夏的山羊绒年产量为300吨左右，仅约占全国总年产量的3%，但灵武流通的原绒总量却占到世界总量的一半，无毛绒产量占全国的70%。这个西北小城中转、输出了世界上近一半的“软黄金”。

这不仅是依靠地利之便，更重要的是源于一批精明能干的灵武人。20世纪80年代初，灵敏的灵武人发现了贩卖羊绒的巨大利益空间，杨建荣是第一批弄潮儿中的一员。

杨建荣第一次试水是帮人将500公斤的羊绒运到天津外贸公司，运输费赚了15000元。看到了商机，他决定投身其中。依托自己原始积累形成的交通运输队，杨建荣一边啃着干饼子，一边开始收购羊绒。为了打通收购羊绒的渠道，精明能干的他开着汽车、拉着蔬菜与牧民打交道，双方各取所需。在牧区一待就是几个月，杨建荣至今还会简单的蒙语、藏语，也很喜欢草原上的手把肉和奶酪。牧民性格质朴，杨建荣说：“和他们成为朋友了，无论谁来收羊绒，他们都不会卖，除非我开口。到现在为止，我的羊绒供应者，主要还是依靠当时建立的关系。”

杨建荣去过西北大部分牧区，练就了一双火眼金睛，凭经验就能分辨各地羊绒的细微差别。羊绒一般按颜色分为白绒、青绒、紫绒等，内蒙古主产白绒，阿拉善左旗、巴彦淖尔狼山地区的白绒最好，锡林郭勒的白绒稍差一点；西藏、新疆哈密的白绒，因为沙土含量少，绒量比较高。他从羊绒的质量甚至能分辨当年当地草场的情况，如榆林紫绒，若当年风调雨顺，牧草好、水好，紫绒甚至可能带有草香味。

20世纪80年代后期，灵武拥有一支3万多人贺兰山地距离鄂尔多斯草原不远，是草原和荒漠的连接之处，得益于地理交通的纽带之功，宁夏流通的羊绒原绒总量占到世界总量的一半，输出了世界上近一半的『软黄金』。在灵武这个距离长城和草原都不远的古老城市里，现代车间的一摞摞羊绒制品从这里出发，抵达全世界的各个角落，给人以贴身的温暖，这是『中国制造』最具想象力的生动故事场景。

的羊绒收购队伍，足迹遍布新疆、内蒙古等11个省区以及巴基斯坦、吉尔吉斯斯坦等周边国家。

得之不易的“软黄金”

获得羊绒的过程并不容易。英国作家彼得・梅尔在《有关品位》一书中曾经写到：这些山羊的毛若是可以像绵羊一样剪下来，那就简单多了，也便宜多了，但就是不能。

杨建荣说，山羊柔细的绒毛会褪掉，纠结在粗硬的外层针毛里面。取得这些羊绒唯一的方法，便是由人用手耙梳出来，“而首先是要抓到羊”。尽管在牧区待了很久，杨建荣还是没学会抓羊和剔绒的本领，牧民则手到擒来。更神奇的是，“一个牧民即使有成百上千只羊，他都能认出每一只羊，还给它们起名字”。

今天在宁夏各地的集市，还能看到牛羊包括羊绒传统交易的场景。在宁夏、甘肃两省区交界地带的宁夏西吉县兴隆镇，有西北最大的村级畜产品交易市场——单家集。

单家集集市每天都有，每逢农历双日，会迎来一次大集。每到这天，天还没亮，各地的贩子们就陆续来到交易市场。讨价还价的过程依然是秘而不宣的，买卖双方沿用着衣服遮盖下捏手指的交易方式，一旦谈拢，当场进行现金交割。

收购来的山羊绒原绒在分梳前需要经过预处理，即先经人工挑选，剔除集束的粗毛、死毛、异色毛、毡块毛和大块杂质等，再经过机器初步开松并去除所含的松散沙土杂质，这样得到的原绒称为“过轮绒”。

在20世纪80年代灵武的羊绒收购中，用于外贸交易的羊绒基本上都是过轮绒。羊绒是以克计算的“软黄金”，原绒的重量决定着羊绒贩最终得到的利润。灵武至今还流传着“羊毛掺沙子，养活一家子”的顺口溜。当时在原绒中掺入沙子是行业里的潜规则，有时还会加入有糖分的水，这样做可以明显打秤。杨建荣对这种做法嗤之以鼻：“做生意一定要诚实，而且不能贪婪。”这或许是他能在之后羊绒市场出现颓态、掺假的羊绒贩子付出惨重代价时规避风险的原因。

羊绒属于稀有的特种动物纤维，价格奇贵源于原料稀有和工艺难度高。羊绒的保暖性要比羊毛高许多，重量却只有羊毛的几分之一，是最适合用来冬季保暖的材料之一（上）

牧民正在把羊身上最外层的长杂毛修剪掉，为梳理出绒毛做准备。羊绒是山羊身上里层的绒毛，这柔细的绒毛会褪掉，纠结在粗硬的外层针毛里面。取得羊绒唯一的方法，便是由人用手耙梳出来（下）

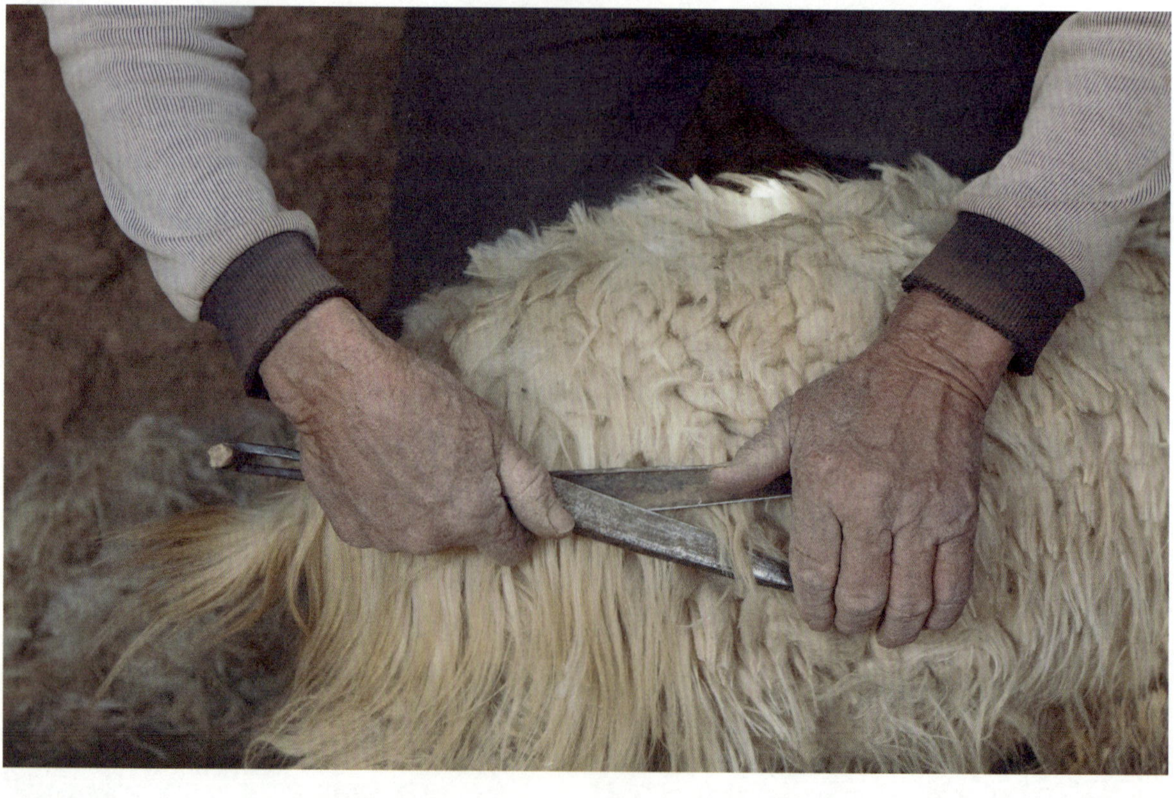

80年代末90年代初，东欧剧变，苏联解体，世界经济形势低迷不振，国际国内市场对羊绒需求量骤减。“经过市场动荡后，灵武做羊绒生意的两万多人，只剩下三分之一。”杨建荣说。大浪淘沙，杨建荣等一批人从羊绒收购行业中脱颖而出。2003年4月，灵武羊绒产业园区开始建设，2010年11月，经国务院批准升级为国家级高新技术产业开发区，成为宁夏首家国家级高新技术产业开发区。这里聚集了43家羊绒企业，杨建荣的集团是其中之一。羊绒产业随之成为宁夏的特色优势产业，是宁夏主要的出口创汇产业之一。随后，在严峻国际市场的倒逼下，企业纷纷调整出口结构，大幅削减原料出口，创立自主品牌。

杨建荣说，灵武的区位优势特别明显。和他一样的羊绒商人，只要骑着摩托车，就可以到羊绒主产区谈生意，而这里居于中国东西运输线的中点，物流成本优势明显，再加上良好的优惠扶持政策，羊绒商人很容易在这里扎根。

中国制造最生动的现场

因为羊绒来到宁夏的，不只是商人们。在中银绒业车间里，有一群从四川绵阳来的机缝工。杜海华是其中一员，之前曾在浙江干纺织，刚好灵武的企业去绵阳招工，她没多想就来了，“第一次到这么北方的地方，像旅游一样，可以看看不同的世界”。

周末休息时，杜海华会和同乡的工友去灵武长城转了转。“很多地方都是黄土，和我想象中的长城太不一样，还以为长城都是像八达岭那样的。”她还没习惯西北的饮食，特别是到了冬天，她很是想念老家掐了就长的鲜嫩的豌豆尖。

杜海华们只是羊绒制品加工链条中的一个环节。如今灵武的羊绒产业都已采用高效的现代化流水线程序，洗绒、回潮、分梳、染色、绒条等多个初加工获取羊绒材料的过程，都被分解。

虽然杨建荣等第一批灵武羊绒产业的开拓者，对90年代运行的棉梳机怀有深厚情感，但它们已经是放进灵武羊绒博物馆里的“文物”了。

时代和科技日新月异，现在厂房里的新式机器相比原来的单机，生产效率已大幅度提高，单机要经七八遍才能把毛梳理干净，现在一台机子一次工序就可以完成，羊绒的损伤率和工人的劳动强度都大大降低，劳动环境也得到了明显改善。

走进加湿回潮车间，雾气腾腾，潮湿而温暖，就像是羊绒给人的温度。伸手插入那细密的羊绒之中，感觉如在云端般轻盈。

可容纳上千生产工人的羊绒衫生产车间，更是一个典型的流水车间，所有工序都有准确的计算刻度，所有人都处于忙碌的状态。用于生产的电脑横机全部从日本进口，每天有数以万计的羊绒衫从这里由原料变成成品。

看着车间里一摞摞羊绒衫成品，想到它们将从灵武出发，从这个距离长城和草原都不远的古老城市出发，抵达全世界的各个角落，给人以贴身的温暖，这真是“中国制造”最具想象力的生动故事场景。

本书作者（按姓氏汉语拼音排序）

曹萍波

90后，三联生活周刊“物候志”专栏作者，著有《万物赠我浓情蜜意》一书，现供职于湖南卫视。

曹燕

供职于媒体多年，长途漫游爱好者，热爱文字，亦喜欢神游八荒，脑洞较大，对时间空间的交错着迷，对历史地理心有戚戚，对人世间有同理心而迷惑不已。

李慧婷

毕业于北京大学历史学系。热爱中国文化，拒绝无聊与一知半解，愿将历史生活化，融入一座座现代城市的血脉当中。

刘子超

作家、译者。1984年生于北京，毕业于北京大学中文系，曾任中德媒体使者、牛津大学访问学者。著有《午夜降临前抵达》等，曾获刘丽安诗歌奖、书店文学奖。

聂作平

1969年生于四川富顺，现居成都。职业写作者，已出版著作30余部，另有纪录片、影视作品多种。

苏阳

音乐人、艺术家。生于浙江，长于银川。先后发行专辑《贤良》（2006年）、《像草一样》（2010年），将西北民间音乐“花儿”、传统曲艺形式秦腔等与当代音乐进行嫁接、改良和解构，并通过西方现代音乐的理论和手法创造出一种全新的音乐语言。基于十余年的观察、思考、创作历程，于2016年发起“黄河今流”艺术计划，通过多种艺术媒介和跨界表达，让民间艺术呈现出新的生命力和价值。

唐荣尧

诗人、作家、编剧，中国作家协会会员，银川市作家协会副主席、银川文学院院长。出版诗集《腾格里之南的幻像》《写给北纬38度：时光与脚步》以及《西夏帝国传奇》《西夏王朝》《贺兰山，一部立着的史诗》等20部人文专著。

王西平

诗人、美食作家。曾获第二十届柔刚诗歌奖、中国新锐诗人奖。诗歌曾被译成英、日文刊发海外。著有诗集《弗罗斯特的鲍镇》《赤裸起步》《西野二拍》，散文诗集《十日或七愁》，美食随笔集《野味难寻》等。

萧春雷

记者、作家。曾用笔名司空小月、郭又惊、十步等，福建泰宁人，从事文学、艺评和人文地理写作，曾获中国新闻奖，为《中国国家地理》和《华夏地理》撰稿五六十篇。已出版《时光之砂》、《我们住在皮肤里》等18种著作，新著“中国的掌纹”系列（《自然骨魄》《大地栖居》和《华夏边城》）被认为是国内人文地理写作的重大收获。现为《厦门晚报》编辑。

许君达

中国国家地理“风物中国志”系列主创团队成员，地理、旅行专栏作者。

袁銮

资深在地旅行者，旅游杂志撰稿人，Lonely Planet系列《贵州》特约作者，携程网《贵州自由行》作者。

张小溪

原名张湘辉，热爱出走的狮子座，资深地理记者，寻茶人，大理民宿主人，归入斜杠青年一列。爱山川、手艺与茶，爱未知、激烈与缓慢，爱自由地记录。

主要摄影师（按姓氏汉语拼音排序）

陈淮

自由撰稿人、人文地理摄影师。研究、探索河西走廊历史文化近20年。自1996年以来，开始在国内发表山丹长城图片及文章，是研究河西走廊及山丹长城方面资深、权威的专家。

董宏征

宁夏回族自治区博物馆专业摄影师、副研究馆员、中国摄影家协会会员、宁夏摄影家协会会员。从事文物考古工作近40年，多次承担重要的文物、考古遗址调查，以及发掘记录和摄影等工作。出版有《宁夏历史文物》《古都银川》等学术论著及图录。

李鹏

宁夏文化工作者，中国摄影家协会会员，从事摄影20多年，无论是立足宁夏本土，还是行走中国西部，始终用镜头聚焦历史坐标上的人文古迹、风土人情，浓浓的视觉情感冲动激发着自己不断前行。

陆宇堃

摄影是一种生活方式，我用光影记录人生，记录城市的变迁，感受生活的点滴。广西摄影家协会会员、桂林市摄影家协会理事，原《视界桂林》专职摄影师，《中国人文地理》签约摄影师，大疆天空之城认证摄影师。

吴建新

回族，出生于银川，宁夏摄影家协会副主席，从事摄影近30年，关注摄影题材以民俗、人文纪实为主，现就职于宁夏文联。

邬志斌

生于甘肃兰州，下过乡、扛过枪，现为宁夏大学新闻学院副教授、中国摄影家协会会员、银川摄影家协会副主席。摄影作品《赶着羊群下贺兰》《硬卧车厢》《乌金淘客》等多次入选各大国际、全国摄影展并获奖。

徐胜凯

中国摄影家协会会员、宁夏摄影家协会副主席，现受聘于宁夏演艺集团（宁夏大剧院）首席摄影师。从事摄影30多年，摄影作品多次发表于报纸、杂志、图书，并在国内外各类摄影大赛中获奖。

张雨桐

宁夏银川人，曾任职国内多家专业摄影杂志，擅长纪实及人像拍摄，经常独自一人背着相机游走于祖国的河流山川，用相机记录下每一个不同寻常的瞬间。

插画师（按姓氏汉语拼音排序）

梁灵惠

浙江台州人，90后。浙江理工大学插画系研究生在读，主要从事绘本和插画的创作。

缪友楠

笔名及己，江苏盐城人，研究生在读。擅长圆珠笔画、钢笔画，作品曾获第八届中国大学生美术作品年鉴优秀奖。

孙群萃

毕业于清华大学美术学院。自幼学习美术，带着画笔旅行是多年来养成的习惯，喜欢在现场描绘古代遗迹及市井生活，尤其偏重人物在历史遗址中的存在感。2005年至今一直不间断地对陕西关中地区唐陵进行研究，并用画笔描绘出唐陵石雕、山脉、旷野以及关中地区的风土人情，如今开始向西描绘丝绸之路。

图书在版编目（CIP）数据

地道风物·银川 / 姚瑶主编. -- 北京：中信出版社，2018.1
ISBN 978-7-5086-8347-8

Ⅰ. ①地… Ⅱ. ①姚… Ⅲ. ①地方文化－银川 Ⅳ. ①G127.433

中国版本图书馆CIP数据核字（2017）第275302号

地道风物·银川

主　　编：姚瑶
策划推广：北京地理全景知识产权管理有限责任公司
出版发行：中信出版集团股份有限公司
（北京市朝阳区惠新东街甲4号富盛大厦2座　邮编　100029）
承 印 者：北京华联印刷有限公司
制　　版：北京美光设计制版有限公司

开　　本：787mm×1092mm　1/16　　印　　张：14　　字　　数：130千字
版　　次：2018年1月第1版　　印　　次：2018年1月第1次印刷
广告经营许可证：京朝工商广字第8087号
书　　号：ISBN 978-7-5086-8347-8
审 图 号：宁S[2017]第011号
定　　价：68.00 元